現代日本語の視点の研究

ひつじ研究叢書〈言語編〉

第125巻　日本語における漢語の変容の研究　　　　　　　　　　　鳴海伸一 著
第126巻　ドイツ語の様相助動詞　　　　　　　　　　　　　　　　髙橋輝和 著
第127巻　コーパスと日本語史研究　　　　近藤泰弘・田中牧郎・小木曽智信 編
第128巻　手続き的意味論　　　　　　　　　　　　　　　　　　　武内道子 著
第129巻　コミュニケーションへの言語的接近　　　　　　　　　　定延利之 著
第130巻　富山県方言の文法　　　　　　　　　　　　　　　　　小西いずみ 著
第131巻　日本語の活用現象　　　　　　　　　　　　　　　　　　三原健一 著
第132巻　日英語の文法化と構文化　　　　　秋元実治・青木博史・前田満 編
第133巻　発話行為から見た日本語授受表現の歴史的研究　　　　　　森勇太 著
第134巻　法生活空間におけるスペイン語の用法研究　　　　　　　堀田英夫 編
第136巻　インタラクションと学習　　　　　　　　柳町智治・岡田みさを 編
第137巻　日韓対照研究によるハとガと無助詞　　　　　　　　　　　金智賢 著
第138巻　判断のモダリティに関する日中対照研究　　　　　　　　　王其莉 著
第139巻　語構成の文法的側面についての研究　　　　　　　　　　斎藤倫明 著
第140巻　現代日本語の使役文　　　　　　　　　　　　　　　　早津恵美子 著
第141巻　韓国語citaと北海道方言ラサルと日本語ラレルの研究　　 円山拓子 著
第142巻　日本語史叙述の方法　　　　　　　　　　　大木一夫・多門靖容 編
第143巻　相互行為における指示表現　　　　　　　　　　　　　須賀あゆみ 著
第144巻　文論序説　　　　　　　　　　　　　　　　　　　　　　大木一夫 著
第145巻　日本語歴史統語論序説　　　　　　　　　　　　　　　　青木博史 著
第146巻　明治期における日本語文法研究史　　　　　　　　　　　　服部隆 著
第147巻　所有表現と文法化　　　　　　　　　　　　　　　　　　今村泰也 著
第149巻　現代日本語の視点の研究　　　　　　　　　　　　　　古賀悠太郎 著
第150巻　現代日本語と韓国語における条件表現の対照研究　　　　　金智賢 著
第151巻　多人数会話におけるジェスチャーの同期　　　　　　　　　城綾実 著
第152巻　日本語語彙的複合動詞の意味と体系　　　　　陳奕廷・松本曜 著

ひつじ研究叢書
〈言語編〉
第149巻

現代日本語の視点の研究

体系化と精緻化

古賀悠太郎 著

ひつじ書房

目　次

第1章　言語における「視点」とは　　1
　1. はじめに―「視点」の射程の広さ　　1
　2.「視点」の研究史と現状　　4
　　2.1　視点研究の歴史　　5
　　2.2　視点研究の現状　　6
　3. なぜ、「視点」が必要なのか　　8
　　3.1　言語は「視点」と切り離せない　　8
　　3.2　複数の文法項目に対して統一的な説明を与えるのに寄与　　10
　　3.3　「諸刃の剣」としての視点　　15
　4. 本書の方針―「視点」の用い方について　　15
　5. 本書の目標　　18
　　5.1　目標（1）―視点研究の精緻化　　18
　　5.2　目標（2）―視点研究の体系化　　20
　　5.3　精緻化と体系化の関係　　22
　6. 本書の構成　　23

第2章　先行研究の整理　　27
　1. はじめに　　27
　2. 視点研究の二つの流れ―共感度と事態把握　　27
　　2.1　久野暲（1978）の「共感度」　　27
　　2.2　池上嘉彦（2003, 2004, 2006）の「事態把握」　　29
　3. 視点の定義についての研究　　31
　　3.1　井島正博（1992）　　31
　　3.2　渡辺伸治（1999）　　35
　4. 視点と個別の文法項目の関係についての研究　　38
　　4.1　「（て）やる／（て）くれる／（て）もらう」と「行く／来る」　　39
　　4.2　受動文（奥津敬一郎（1983a, 1992））　　40
　　4.3　アスペクト・テンス
　　　　（工藤真由美（1993, 1995）、益岡隆志（1991））　　41
　　4.4　モダリティ（松木正恵（1993））　　43

4.5 感情形容詞文の人称制限
　　　　（甘露統子（2004, 2005）、岡本真一郎・多門靖容（2014））　45
　　4.6 敬語（益岡隆志（2009））　47
　　4.7 空間関係を表す名詞の用法（野田尚史（1987））　48
5. 視点に関する日英・日中対照研究　50
　　5.1 日英対照研究（1）（森山新（2006））　50
　　5.2 日英対照研究（2）（金谷武洋（2004））　51
　　5.3 日中対照研究（1）（下地早智子（2004, 2011））　51
　　5.4 日中対照研究（2）（彭广陆（2008b））　54
6. 今後の議論に向けて　54

第3章　「やる／くれる」文、「行く／来る」文と視点　57

1. はじめに　57
　　1.1 問題の所在（1）―授与・移動に関与する視点の意味について　57
　　1.2 問題の所在（2）―「やる／くれる」文、「行く／来る」文における
　　　　視点の決定のされ方について　59
　　1.3 本章の構成　62
2. 「視点」の意味―「やる／くれる」文、「行く／来る」文の場合　63
3. 「準一人称」の範囲　66
　　3.1 「行く／来る」文の場合　67
　　　　3.1.1 移動の到着点としての「準一人称」　67
　　　　3.1.2 移動の出発点としての「準一人称」　74
　　3.2 「やる／くれる」文の場合　75
　　3.3 第3節のまとめ　76
4. 三人称同士の授与・移動　76
5. 二人称の位置付け　81
　　5.1 考察の方法　81
　　5.2 「やる／くれる」文の場合　82
　　5.3 「行く／来る」文の場合　85
　　5.4 授与と移動の相違点　87
　　5.5 第5節のまとめ　89
6. 本章のまとめ　89

第4章　授与補助動詞「てやる／てくれる」文と視点　93

1. はじめに　93
　　1.1 問題の所在―「てやる／てくれる」文における視点のあり方　93
　　1.2 本章の構成　94

- 2.「てやる」と「てくれる」の視点　　　95
  - 2.1　久野（1978）の問題点と「直接・間接ベネファクティブ」　　　95
  - 2.2　「てやる」の視点　　　97
  - 2.3　「てくれる」の視点　　　98
  - 2.4　第2節のまとめ　　　102
- 3. 三人称同士のコトの授与における視点の決定のされ方　　　103
  - 3.1　「新登場人物（A）→談話主題（P）」のコトの授与　　　103
  - 3.2　「談話主題（A）→新登場人物（P）」のコトの授与　　　107
  - 3.3　第3節のまとめ　　　110
- 4.「てやる／てくれる」文における二人称の位置付け　　　110
  - 4.1　考察方法　　　110
  - 4.2　「てやる」が適格になる場合、ならない場合　　　111
  - 4.3　「てくれる」が適格になる場合、ならない場合　　　112
  - 4.4　第4節のまとめ　　　114
- 5. 本章のまとめ　　　115

第5章　ヴォイスと視点　　　117

- 1. はじめに　　　117
  - 1.1　受動文の分類　　　117
  - 1.2　問題の所在（1）―ヴォイスに関与する視点の意味について　　　118
  - 1.3　問題の所在（2）―ヴォイスの選択に対する視点の関与の仕方の程度について　　　119
  - 1.4　本章の構成　　　121
- 2.「視点」の意味―ニ受動文の場合　　　121
- 3. ニ受動文と視点（1）―視点の序列　　　123
  - 3.1　一人称＞二・三人称　　　123
  - 3.2　［＋特定］＞［－特定］　　　126
  - 3.3　［＋有情］＞［－有情］　　　127
  - 3.4　第3節のまとめ　　　132
- 4. ニ受動文と視点（2）―視点固定の原則　　　133
  - 4.1　従属節の従属度　　　134
  - 4.2　従属度と視点固定の原則　　　135
    - 4.2.1　A類従属節　　　135
    - 4.2.2　B類従属節　　　135
    - 4.2.3　C類従属節　　　136
    - 4.2.4　D類従属節　　　138
  - 4.3　第4節のまとめ　　　138

  5. 間接受動文と視点   138
  6. ニヨッテ受動文と視点   140
  7. 本章のまとめ   144

第6章 「視点」に関する日中対照研究　ヴォイスを中心に   147

1. はじめに   147
 1.1 本章の目的   147
 1.2 本章の方針   147
 1.3 本章の構成   149
2. 日本語のヴォイスと視点   149
3. 中国語におけるヴォイスの選択と視点   150
 3.1 考察の対象   150
 3.2 ヴォイスの選択のされ方   151
  3.2.1 ［＋致使力］の動作主（N1）   151
  3.2.2 ［＋変化］の被動作主（N2）   153
  3.2.3 情報の新旧   156
 3.3 「視点」の意味―中国語のヴォイスの場合   160
4. 「視点」の日中対照研究への寄与   162
 4.1 他動詞文／（ニ）受動文の選択の一致・不一致について   163
 4.2 間接受動文の発達度の差について   167
 4.3 ニヨッテ受動文と中国語受動文の特徴の異同について   169
5. 本章のまとめ   171

第7章 視点研究の体系化の試み   175

1. はじめに   175
 1.1 本章の目的   175
 1.2 本章の構成   176
2. 日本語の三種の受動文を中心とした視点の体系   176
 2.1 他動詞文／ニ受動文と「行く／来る」文、「やる／くれる」文   177
 2.2 間接受動文と「てくれる」文   179
 2.3 ニヨッテ受動文と「中国語受動文」   181
 2.4 視点の体系   183
3. 日中両語の他の項目と視点の体系   185
 3.1 日中両語の完成相／継続相の選択と視点   186
 3.2 日中両語の「左／右」の決定のされ方と視点   190
 3.3 完成相／継続相、「左／右」を加えた視点の体系   194
4. 視点の体系から読み取れる日本語の特徴   196

5. 本章のまとめ　　　　　　　　　　　　　　　　　201

第8章　本書のまとめ　　　　　　　　　　　　　　205
　　1. 内容の振り返り　　　　　　　　　　　　　　205
　　2. 従来の視点研究とは異なる本書の貢献　　　　211
　　3. 視点研究の今後に向けて　　　　　　　　　　213

　　参考文献　　　　　　　　　　　　　　　　　　215
　　あとがき　　　　　　　　　　　　　　　　　　225
　　索引　　　　　　　　　　　　　　　　　　　　229

第1章
言語における「視点」とは

1. はじめに 「視点」の射程の広さ

　本書は言語学（日本語学）の分野における「視点」研究、つまり、私たちの言語に視点がどのように関与しているかを明らかにしていくことを目的としている。

　視点の問題は日本語（及び他言語）の数多くの文法項目と密接な関係を有しており、それゆえに数多くの文法項目が視点との関係で議論されてきた（詳しくは本章第2節、及び本書第2章で述べる）。

　しかしそれだけでなく、視点は絵画や物語・小説など芸術作品や文学作品を理解する上でも欠くことのできない概念である。と言うよりも、言語学の分野に視点が本格的に導入されたのは1970年代のことであるが（久野暲（1978）や大江三郎（1975）など）、それよりも前から芸術や文学の分野では視点の問題が議論されてきたようである。

　芸術（絵画）の分野では、たとえば、ヨーロッパの絵画は視点がほぼ固定された状態で描かれることが多く、東洋では視点の位置を自由に移動させ、それぞれの対象が一番よく見えるところから見たように描かれることが多い（島田紀夫（1998））というようなことが言われている。

　ここで、ヨーロッパの絵画と日本の絵画を実際に見比べてみよう。

　図1はあまりにも有名なレオナルド＝ダ＝ヴィンチの作品「最後の晩餐」である。これを見ると、描き手がいま存在している一つの地点から見て近くに存在する食卓やイエス＝キリストとその12人の弟子たちなどは大きく描かれており、反対に遠くに存在する奥の窓やその外の風景などは小さく描かれていることが分かる。つまり、対象物はただ一つの固定された視点からの眺めに基づいて描かれて

図1　レオナルド＝ダ＝ヴィンチの「最後の晩餐」

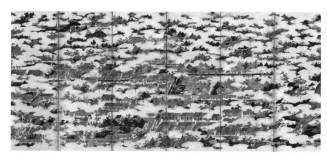

図2　洛中・洛外屏風図

いるということになる（一点透視図法）。

　一方、日本の場合はこれとは大きく異なる。たとえば、図2は諏訪春雄（2006）なども引きあいに出している「洛中洛外屏風図」である。洛中洛外屏風図とは、その名の通り京都の市街（洛中）と郊外（洛外）の景観や風俗を描いた屏風絵である。これを見ると、先のヨーロッパの絵画とは異なり、京都市内の各名所・建築物などがすべてほぼ同じ大きさで描かれているということに気が付く。このことは、描き手はここに描かれている対象物を様々な場所から眺め、それぞれの場所からの眺めを一つの作品中に描いているということを意味する。

　次に、文学（物語・小説）の分野では、たとえば、ジェラール＝ジュネットの『物語のディスクール』（原著は1972年、本書では花輪光・和泉涼一（訳）(1985)を参照した）が挙げられる。ジュネットによると、物語を語る視点のあり方は主に次の三つに分類さ

れる。
（ⅰ）焦点化ゼロ（focalisation zero）：伝統的に「神の視点」と呼ばれてきた、いかなる制限的な視点も採用しないタイプ。潜在的にはあらゆる時間・空間、あらゆる登場人物の内面などがすべて把握できる。
（ⅱ）内的焦点化（focalisation interne）：ある登場人物を「視点人物」としてその人物によって知覚された事柄のみが描かれるタイプ。
（ⅲ）外的焦点化（facalisation externe）：物語言説の対象（となる作中人物）を描く際に、外部の証人の視点から言説対象の外面のみが語られるタイプ。思考や感情は窺い知れない。

なお、内的焦点化と外的焦点化の違いについてであるが、たとえば登場人物Aの知覚によって別の登場人物Bの外面を描くという場合、Aにとっては内的焦点化であり、Bにとっては外的焦点化ということになる。

また、内的焦点化はさらに、（ⅱa）一貫して一人の登場人物の視点を用いる「固定焦点化（focalisation fixe）」、（ⅱb）視点人物が「登場人物A→B→A（→C…）」という具合に変遷し、視点人物を次々に変えながら物語が進行する「不定焦点化（focalisation variable）」、（ⅱc）同一の出来事を複数の視点から語り直す「多元焦点化（focalisation multiple）」に下位分類される。

このように、文学の分野でも、「物語世界の情報を把握するために誰の視点を採用するか（あるいは採用しないか）」ということを扱う領域は重要度が高いものであり、「視点（viewpoint, point of view）」、「焦点化（focalisation）」といった概念の導入は文学作品（物語・小説など）の分析の精緻化に大いに貢献してきた。

さらに、視点の問題は認知科学の分野においても議論がなされている。たとえば、宮崎清孝・上野直樹（1985）は「認知科学選書」シリーズの第1巻として刊行された『視点』というタイトルの著作であるが、その前半（1〜4章）では、視点活動が最も端的に現れる知覚の分野を中心に視点が関わる認識活動の構造が考察されてお

り、また、概念理解や物理学的認識の分野における視点の構造と役割について述べられている。そして、後半（5〜8章）では、文学作品の理解と他者理解の分野を対象に、「分かる」ということにとって視点活動が果たす役割について考察がなされている（同書の「はしがき」部分より）。

　このように、「視点」は様々な学問分野において議論の対象となる非常に広い射程を持っている研究テーマの一つである。そして、そのような中にあって、本書は筆者の専門である言語に視点がどのように関与しているかという問題について議論していくものであるから、もっぱら言語学の分野における視点の問題を扱うことになる。ただし筆者は、ただ単純に「芸術の視点」、「文学の視点」、「認知科学の視点」、「言語学の視点」をそれぞれ異なるものと考え、前三者を完全に切り捨てるという考えではない。むしろ、たとえば久野（1978）が物語・小説の登場人物に対する作者の自己同一視化の度合いという意味での視点を「文（構文法）」の研究にも適用したように（この場合、視点は文中の名詞（句）の指示対象に対する話し手の自己同一視化の度合いと捉えられる）、言語学の分野において視点の問題を扱うにあたっても、他の分野における視点との関連を常に意識しておく必要があると考えている。

　以上のことを踏まえて、第2節以降では、本書が言語と「視点」の問題について考察を進めていくにあたっての背景となる次のような事柄を順を追って述べていきたいと思う。

（ⅰ）　言語学の分野における視点研究の歴史と現状（第2節）
（ⅱ）　言語の研究に「視点」が必要である理由（第3節）
（ⅲ）　本書では視点をどのように用いるか（第4節）
（ⅳ）　本書で成し遂げたいこと（第5節）

2.「視点」の研究史と現状

　言語と「視点」の関わりについて議論をしていくに先立って、第2節では、まず言語学（日本語学）の分野における視点研究の歴史と現状（そして、問題点）について概観しておきたいと思う*1。

2.1 視点研究の歴史

言語学の分野に「視点」という概念をはじめて本格的に導入したのは久野(1978)『談話の文法』(大修館書店)である。久野は、視点を導入することで日本語の数多くの構文法特徴、及び他の諸言語(特に英語)の諸特徴にあてはまる一般原則を立て、それによって日本語(及び他言語)に観察される構文法特徴について統一的な説明を与えることを試みた。

また、久野(1978)の三年前には大江(1975)『日英語の比較研究―主観性をめぐって―』(南雲堂)が刊行されている。大江は視点という概念を本格的に導入してこそいないが、日本語の「(て)やる／(て)くれる／(て)もらう」、「行く／来る」、英語の"go／come"を対象として、構文法の中での視点(大江は「視線の軸」という言葉を使っている)の問題についての詳細な研究を行っている。

久野(1978)と大江(1975)は「目の附け処を同じく」しながら「互いに独立して発展した」研究であるが(久野(1978: 128))、言語学(日本語学)の分野における視点研究はこの二つの著作から始まったと考えてまず間違いない。

そして、久野(1978)や大江(1975)の研究以降、視点研究は非常に活発に行われている。実際、授受動詞「(て)やる／(て)くれる／(て)もらう」や移動動詞「行く／来る」はもちろんのこと、その他にも、受動文(奥津敬一郎(1983a, 1992))、アスペクト・テンス(工藤真由美(1993, 1995))、空間関係を表す語(野田尚史(1987))、感情形容詞文の人称制限(甘露統子(2004, 2005))、敬語(益岡隆志(2009))、文末表現「はずだ／わけだ」(松木正恵(1993))など、その説明に視点が用いられることがある文法項目は非常に多い。

また、2000年に入った頃からは、視点に関する対照研究が出現するようになった。たとえば、森山新(2006)、金谷武洋(2004)(以上、日英対照)、下地早智子(2004, 2011)、彭广陆(2008b)(以上、日中対照)などが、日本語と他言語に観察される特徴の類似点や相違点について視点研究の立場から考察している。

さらに、同じく2000年代には池上嘉彦による一連の研究（池上（2003, 2004, 2006））が発表されている。これは「事態把握」の仕方が言語にどのように反映するかに関する研究で、日本語、或いは英語など他言語ではどのような事態把握の仕方に基づく言い回しが好まれるかが論じられており、日本語では主観的把握に基づく言い回しが好まれるとのことである。実は池上は視点という語を用いてはいない。しかし、この「事態把握」という観点は、久野（1978）の「共感度」という観点とともに現代の視点研究に大きな影響を与えていると言うことができる。
　このように、「視点」は個別言語の研究にも対照研究にもたしかに貢献してきたと言うことができる。

2.2　視点研究の現状

　しかし、多くの研究者が感じているように、言語の研究に視点を持ち出すことにはたとえば次の（ⅰ）、（ⅱ）のような問題点も存在する。
（ⅰ）「視点」の定義の問題
（ⅱ）　言語の研究に「視点」を持ち出す意義の問題
　たとえば、ヴォイス（他動詞文／受動文の選択）とテンス（ル形／タ形の選択）はいずれも視点との関係で語られることが多い項目である。そこで、ヴォイスやテンスが関係する次の例をご覧いただきたい。
（1）a　先生がのび太を叱った。
　　　b　のび太が先生に叱られた。
（2）a　ジャイアンが二時間後に走る。
　　　b　ジャイアンが二時間前に走った。
　　　c　列車が動き出した。物売りたちが、つぎつぎとホームに飛び降りる。　　　　　　　（宮脇俊三『インド鉄道紀行』）
　まず、（1）については、a（他動詞文）では動作主（先生）に、b（受動文）では被動作主（のび太）にそれぞれ視点があるという説明がなされることがある。また、（2）については、a、bやcの第一文では発話時に視点があり、ル形／タ形の選択は発話時を基準

として行われているが、cの第二文では過去のある時点に視点が移行し、ル形／タ形の選択もその時点を基準として行われているというような説明がなされることがある。

　しかし、ここで「視点がある」と言うときの「視点」とは具体的に何を意味するのであろうか。そもそも、言語学の分野における視点の定義は必ずしも明確ではない。視点という術語は、文中の名詞句に対する話し手の自己同一視化の度合い（＝共感度）、事象を眺める話し手の位置・眺め方、認知主体としての「私」からの見え、事象を眺める時空間的基準点、文における主語項（或いは、その他の項）、話し手や他者の内面（感情）を眺める主体など実に様々な意味で用いられてきた。それで、井島正博（1992）や渡辺伸治（1999）のように、視点の定義の問題に取り組んだ研究も幾つか発表されているほどである。にもかかわらず、言語学（日本語学）の分野における視点の定義の問題や、言語学（日本語学）の分野において視点という術語をどのように用いていくべきかという問題について、未だ共通の認識は得られていない。言うまでもなく、視点の定義がこれほどまでに多様化されているという状況は、視点研究にとって決して好ましいことではない。

　また、ヴォイスやテンスのように一つ一つの個別の文法項目について説明を与えるためだけならば、わざわざ視点を持ち出す必要はないという可能性もある。なぜなら、渡辺（1999: 391）が指摘するように、視点という語が単に他の概念の言い換えとして持ち出されているに過ぎないという状況が意外に多く見受けられるからである。たとえば、上掲の(1)a–bに対する視点を用いた説明は、このままでは「主語項→視点」の言い換えに過ぎない。同様に、(2)a–cに対する説明も「基準点→視点」の言い換えに過ぎない。それならば、どのような場合に動作主／被動作主が主語項に選ばれるか、どのような場合に発話時／過去のある時点（或いは、未来のある時点）が基準点に指定されるのかという問題意識を持ってヴォイス（他動詞文／受動文）やテンス（ル形／タ形）の選択の様子について整理し、その選択を決定するできるだけ数少ない原則を提出することを試みていけば良いのである。そこにわざわざ「視点」を持ち

出す意義はほとんどない。

このように、「視点」は言語の研究にもたしかに貢献してきたが、一方では深刻な問題を抱えてもいるのである。

3. なぜ、「視点」が必要なのか

上で述べたような問題点が存在することから、研究者の中には言語の研究に視点を持ち出すことに否定的な人も多い。しかし筆者は、上記のような問題点を十分に認識した上で、それでもなお言語学の分野において視点というものについて考えていくことは十分に意義のあることであると考える。そこで第3節では、言語の研究になぜ視点が必要なのかについて2点に分けて述べていきたいと思う。

3.1 言語は「視点」と切り離せない

筆者が視点研究に意義を感じる理由の一つ目は、そもそも私たちの言語は視点と切っても切り離せない関係にあると考えられるからである。

たとえば、「赤いネクタイをしめた男の人がホテルの一階から二階に階段で上る」という事象があったとする。そして、この同じ事象を見た三人の人物Aさん、Bさん、Cさんがそれぞれ次のように語ったとする。

(3) A：二階に上って来た男の人の赤いネクタイは本当にきれいでしたよ。
(4) B：男の人が二階に上って行きましたよ。
(5) C：赤いネクタイをしめた男の人が二階に上って行きましたよ。

これらの発話から、私たちは、それぞれの話し手について幾つかの情報を得ることができる。

まず、Aの発話から私たちは次のようなことを知ることができる。

(i) 「二階に上って来た男」のように話し手に近づく移動を表す「来る」を使っていることから、Aは当該の事象を二階から見ていることが分かる。

（ⅱ）「赤いネクタイ」について取り上げ、それが「きれいでしたよ」と言っていることから、Aは（男の人の）赤いネクタイに特に注目していることが分かる。
　次に、Bの発話からは私たちは次のようなことを知ることができる。
　（ⅰ）「二階に上って行きました」のように話し手から遠ざかる移動を表す「行く」を使っていることから、Bは当該の事象を一階から見ていることが分かる。
　（ⅱ）「男の人が」と述べるだけで「ネクタイ」については言及していないことから、Bには男の人の後ろ姿しか見えておらず、ネクタイは目に入っていないか、或いは、この事象の前の時間帯などにネクタイを含む男の人の全体の姿を目にしたかもしれないが、ネクタイには特に注目していないことが分かる。
　最後に、Cの発話について。
　（ⅰ）先のBの発話と同様の理由で、Cは当該の事象を一階から見ていることが分かる。
　（ⅱ）「赤いネクタイをしめた男の人」と言っていることから、Cは赤いネクタイをしめた男の人の全体を目にしていることが分かる。
　このように、三人の人物の発話は、それぞれの話し手について、（ⅰ）話し手はあるモノ・コトをどこから見ているか、（ⅱ）話し手にはあるモノ・コトのどの部分が見えているか、（ⅲ）話し手はあるモノ・コトのどの部分に特に注目しているかなどの情報を私たちに与えることになる。このことから、言語と「視点」の関係について次のようなことが言える。
　（ⅰ）話し手があるモノ・コトをどのように見ているか（＝視点）は、その人がそれについてどのように語るか（＝言語）を決定する。
　（ⅱ）話し手があるモノ・コトについてどのように語るか（＝言語）は、その人がそれをどのように見ているか（＝視点）を示唆する。
　斯くのごとく、私たちの言語と「視点」は切っても切れないほど

密接な関係を有しているのである*2。したがって、視点が言語にどのように関与するかについて研究を進めていくことは非常に重要であると言うことができる。

3.2 複数の文法項目に対して統一的な説明を与えるのに寄与

筆者が視点研究に意義を感じる理由の二つ目は、視点を効果的に導入することによって日本語（そして、他言語）の複数の文法項目について統一的な説明を与えることができるようになる（可能性がある）からである。

第2節でも述べたが、ヴォイスやテンスなど個別の項目について説明を与えるためだけならばわざわざ視点を持ち出す必要性はほとんどない。

しかし、視点を導入することによって複数の項目について合理的、且つ統一的な説明を与えることが可能になるとすればどうだろうか。たとえば、ヴォイスに対する視点の関与の仕方とテンスに対する視点の関与の仕方のそれぞれについて詳細に検討した結果、両者にはある程度の共通点が認められるということになるとしたらどうだろうか。そして、そのことを手掛かりとして、ヴォイス（他動詞文／受動文）の選択とテンス（ル形／タ形）の選択（のある部分）については一つの原則をもって合理的、且つ統一的な説明を与えることが可能になるとすればどうだろうか。もしそのようなことが可能になるとすれば、言語学（日本語学）の分野においても視点は非常に魅力的なものになり得ると思われる。

実は、久野（1978）が最初に「視点」を導入した意図もこれを実現することであった。

> 従来、「ヤル」と「クレル」の使い分けの分析は、一般に、話し手と、与える人と、受け取る人との人間関係（特に近親関係）に基づいて行なわれて来た。分析がこのレベルで留まる限り、「ヤル・クレル」の問題は、日本語固有の問題に留まり、他の諸言語の種々の特徴と結びつかず、又一般文法理論の問題として浮かび上って来ない。本節では、「ヤル・クレル」を視

点の問題として捉えることによって、視点に関するどの様な一般原則がたてられるかを考察し、その一般原則を日本語の他の構文法特徴、他の諸言語、特に英語の諸特徴に適用するための基礎固めをすることとする。　　　（久野（1978: 140–141））

　久野はこのように述べており、実際に、授与動詞「（て）やる／（て）くれる」、相互動詞「出会う、〜結婚する（など）」、主観表現「いとしい、なつかしい（など）」、再帰代名詞「自分」の指示対象、移動動詞「行く／来る」など、一見すると互いにあまり関連性を有さないように思える複数の文法項目（久野の言葉では「構文法特徴」）について、視点という概念を導入し、視点に関する幾つかの原則を提案することによって、複数の文法項目について同一の（或いは、少数の）原理・原則をもって統一的に解釈することを試みた。

　久野（1978）にとっての視点とは「共感度＝ある存在に対する話し手の自己同一視化の程度」のことであるが、久野はまず、話し手にとって共感（視点）を寄せやすい（＝自己同一視化しやすい）名詞（句）とそうでない名詞（句）があると考え、たとえば次のような原則が存在すると仮定した。

（ⅰ）　話し手は自分自身には共感（視点）を寄せやすい（自分自身より他人に共感を寄せることはできない）（発話当事者の視点ハイアラーキー、p.146）
（ⅱ）　話し手は談話にすでに登場している人物には共感（視点）を寄せやすい（談話主題の視点ハイアラーキー、pp.148–149）

　視点に関するこれらの原則[3] は、数多くの文法項目に見られる様々な現象について説明を与えることを可能にしてくれる。
　まず、授与動詞「やる／くれる」である。
（6）a　私が太郎にお金をやった。
　　　b　*太郎が私にお金をやった。
（7）a　太郎が私にお金をくれた。
　　　b　*私が太郎にお金をくれた。
　よく知られているように、「やる」を述語に取る文のガ格と「くれる」を述語に取る文のニ格はいずれも「私」自身が占めやすいが、

これは上述の視点の原則（ⅰ）「発話当事者の視点ハイアラーキー」によるものと考えられる。

次に、受動文について。

(8) a 　私は太郎に話しかけられた。
　　 b 　*太郎は私に話しかけられた。
(9) a 　次郎は誰かに話しかけられた。
　　 b 　*誰かが次郎に話しかけられた。

(8)aのように「私」を主語の位置に据えた受動文は適格であるが、bのように「私」を差し置いて私以外の存在（太郎）を主語の位置に据えた受動文は、少なくとも単文単位では不適格となる。これも視点の原則（ⅰ）による。また、(9)aのように、談話主題になりにくい「誰か」（[－特定]の存在）ではなく談話主題になりやすい「次郎」（[＋特定]の存在）を主語の位置に据えた受動文は適格であるが、bのように、「次郎」を差し置いて「誰か」を主語の位置に据えた受動文は不適格である。これは、視点の原則（ⅱ）「談話主題の視点ハイアラーキー」によると考えられる。

同様のことは相互動詞文にも当てはまる。

(10) a 　太郎ガ身長二米ノ金髪ノ女性ト新宿デ出会ッタ。
　　 b ??身長二米ノ金髪ノ女性ガ太郎ト新宿デ出会ッタ。

(a-bとも久野 (1978: 165))

いずれも「出会う」という相互動詞を述語に取る相互動詞文であるが、「太郎」を主語の位置に据えた(10)aは適格であり、（「太郎」を差し置いて）「身長二米ノ金髪ノ女性」を主語の位置に据えたbはやや不自然（ないしは不適格）である。これもまた、できるだけ談話主題になりやすい存在（太郎）を主語の位置に据えたいという原則（視点の原則（ⅱ））が働いた結果であると考えられる。

さらに、主観表現の用法・解釈なども視点の原則をもって説明することが可能である。次の例をご覧いただきたい。

(11) a 　太郎ガ花子ニナツカシイ友達ノ話ヲシタ。
　　 b 　誰カガ花子ニナツカシイ友達ノ話ヲシタ。

(a-bとも久野 (1978: 192))

いずれも「なつかしい」という主観表現を含む文であるが、

(11)aの「なつかしい」は「太郎にとって」、「花子にとって」という二通りの解釈が可能であるのに対して、bでは「花子にとって」の解釈しかあり得ない。その理由は、内部感情を表す主観表現は「話し手が、その感情の経験主体寄りの視点を取った時にのみ用いられ得る」からである（久野（1978: 196））。もし（11)bの「なつかしい」を「その誰かにとって」と解釈するならば、話し手は談話主題になりにくい「誰カ」に共感（視点）を寄せているということになり、視点の原則（ⅱ）に違反する。つまり、主観表現を含む文に認められる特徴についても視点の原則によって首尾よく説明を与えることができるのである。

そして、久野（1978）によると、視点に関する原則は英語（などの他言語）にも当てはまる。たとえば、久野が挙げている英語の相互動詞文の例をご覧いただきたい。

(12) a　I met John on the street.
　　 b　*John met me on the street.
(13) a　John met an 8-foot-tall girl on the street.
　　 b　??An 8-foot-tall girl met John on the street.

((12)a–b、(13)a–bとも久野（1978: 172))

これらの例はいずれもmeetを述語に取る相互動詞文であるが、(12)a–bが示しているように、Iを主語の位置に据えた文は適格であるが、I (me) を差し置いて他の存在（John）を主語の位置に据えた文は不適格となる。また、(13)a–bが示しているように、談話主題になりやすいJohn（［＋特定］の存在）を主語の位置に据えた文は適格であるが、談話主題になりにくいAn 8-foot-tall girl（［－特定］の存在）を主語の位置に据えた文は不適格となる。つまり、英語（など他言語）に認められる特徴についてもかなりの程度視点の原則によって説明を与えることが可能になるということである。

このように、久野（1978）は、視点を導入することで数多くの文法項目における様々な現象について同一の（或いは、少数の）原理・原則をもって統一的に解釈することを試みた。そして、その試みは久野（1978）の中では成功したと言ってよいだろう。

しかし、それでもなお筆者としては、ある一つの意味での視点

（共感度＝ある存在に対する話し手の自己同一視化の程度）が日本語の数多くの文法項目や英語などの他言語に幅広く関与すると考える久野（1978）の立場にはやや問題があるように思われる。その理由は以下の通りである。

　まず、3.1節で取り上げた（3）–（5）を思い起こしてみてほしい。これらの文から我々は当該の文の話し手の視点（＝あるモノ・コトをどのように見ているか）のあり方について、（ⅰ）どこから見ているか、（ⅱ）何が見えているか、（ⅲ）何に注目しているかなど様々な情報を知ることができるということであった。つまり、一口に「視点」と言っても、視点という概念には実は様々な側面が含まれるということである。

　また、本書の第6章では中国語との対照研究にも取り組む関係で、次の中国語の例もご覧いただきたい。

（14）　杯子　　被　　我　　打-碎　　了。（コップが私に割られた。）
　　　　コップ　られる　私　叩く-粉々になる　asp

　これは中国語の受動文の例であるが、中国語では"我"（私）を差し置いてその他の存在（しかも、この場合は［－有情］の"杯子"（コップ））を主語の位置に据えた受動文も適格になる（ことがある）。これは、日本語の「*コップが私に割られた。」が不適格であるのとは対照的である。と言うことは、中国語（の受動文）には、少なくとも「共感度」という意味での視点（話し手にとって共感を寄せやすい名詞（＝私）とそうでない名詞（＝私以外）があるという原則）は関与していないということになる。

　以上のような事実から、筆者としては、二つ（以上）の異なる項目に同じ意味での視点が同じように関与すると考えるよりは、まずは異なる項目に対する視点の関与の仕方は（ある程度共通する部分もあるかもしれないが）全く同じではないだろうと考えるほうがより自然であると主張したい。

　ただし、筆者が否定したいのは、久野（1978）が一つの意味（共感度）での視点を複数の文法項目の説明に適用しようとしたという部分のみである。この部分には賛同しかねるとはいえ、日本語（そして、他言語）の複数の文法項目について統一的な説明を与え

ることに寄与するために視点という概念を導入するという久野の根本的な考え方まで否定するものではない。つまり、筆者としては、久野の影響を受けて日本語（他言語）の複数の文法項目について統一的な説明を与えることに寄与し得るという点に「視点」の魅力を感じてはいるものの、視点を言語（日本語）の研究により寄与するものとしていくための方法論の点で久野とは異なる考え方をとりたいというわけである。では、本書では言語学（日本語学）の分野において視点をどのように用いていくことにするのか。その方法論については続く第4節で詳しく述べたいと思う。

3.3　「諸刃の剣」としての視点

以上、言語の研究に視点を持ち出す意義について述べてきた。

視点は「諸刃の剣」（渡辺（1999: 400））である。安易に用いるならば議論を混乱させてしまうだけである。これは筆者自身が最も強く意識していることである。しかし、適切に用いるならば言語の研究にも大いに寄与してくれるものと期待することができる。本書としては、視点の負の側面だけに注目して視点研究に否定的になるのではなく、負の側面を十分に意識しながら、その正の側面をできるだけ引き出すという方向で視点研究を進めていきたいと思う。

4. 本書の方針　「視点」の用い方について

先に述べたように、視点は「諸刃の剣」である。したがって、言語の研究に視点を持ち出すのであれば、我々はその用い方に慎重になる必要がある。そこで第4節では、視点の用い方に関する本書の方針を述べておきたいと思う。

結論から先に述べるようであるが、本書の方針は、視点という語を「ある人があるモノ・コトをどのように見ているか」という意味でのみ用いるというものである。私たちの日常生活において、視点という語は「モノ・コトを見るポイント」＝「モノ・コトの見方」といった意味で用いられる。そうであるならば、視点を言語の研究に持ち出す際にもこれと同じ意味で用いるべきではなかろうか。た

だし、「モノ・コトの見方」と言うときの「見る」という行為はなかなかに厄介である。なぜなら、たとえば本多啓（2005: 32）が指摘しているように、「見る」という行為は実は次に挙げる五つの要素から構成される"複合体"であると考えられるからである*4。

（ⅰ）見る主体：誰が見るのか（視点人物）
（ⅱ）見られる客体：どこを見るのか（注視点）
（ⅲ）見る場所：どこから見るのか（視座）
（ⅳ）見える範囲：どこからどこまでが見えるのか（視野）
（ⅴ）見える様子：その結果どのように見えるのか（見え）

より分かりやすく言い換えるならば、「見る」という行為には「〈誰が〉〈どこを〉〈どこから〉見ていて、その結果〈どこからどこまでが〉〈どのように〉見えているのか」という五つの要素が関係するということである。そしてこのことは、（やや極端に言えば）視点という語はこれら五つの要素のすべてを指し得るということを意味する。

たとえば、次の図3のようにある人物XがA地点に居て、そこからB地点を見ているとする。

図3　A地点からB地点を見る

この時、Xの「視点＝見るポイント」とはA地点（視座）であろうか、それともB地点（注視点）であろうか。おそらく、そのいずれをも指し得るのではなかろうか。このように、視点という語には〈視点人物・注視点・視座・視野・見え〉といった様々な要素が関係しているのである。

ただし、ある個別の文法項目にこれら五つの要素のすべてが関与するというわけでもないだろう。たとえば、次の図4と図5をご覧いただきたい。

図4はいわゆるだまし絵（ルビンの盃）で、図5は円柱である。そして、今ここで、だまし絵と円柱はそれぞれ一つの"文法項目"に当たると考えていただきたい。そうすると、両者にはそれぞれ

図4 だまし絵

図5 円柱

〈視点人物・注視点・視座・視野・見え〉のうちのどの要素が関与するだろうか。

まず、だまし絵について。改めて説明するまでもないが、この絵は、白い部分を見るならば「盃」に見えるが、黒い部分を見るならば「二人の人間」に見える。そして、言語もこのことを反映する。つまり、話し手は、白い部分を見ているならば「盃だ」と発話することになり、黒い部分を見ているならば「二人の人間だ」と発話することになる。

(15) a 盃だ。(話し手が白い部分を見ている場合)
　　 b 二人の人間だ。(話し手が黒い部分を見ている場合)

つまり、だまし絵の例には〈注視点：どこ（白い部分／黒い部分）ヲ見ているか〉が関与しているのである。そして、重要な点として、このとき〈視座：だまし絵から少し離れたところカラこの絵を見ている〉など他の要素は言語（(15)a-b）には関与しない。

次に、円柱について。この円柱は、真上から見るならば丸く見えるが、真横から見るならば四角に見える。そして、言語もやはりこのことを反映するので、話し手は、これを真上から見ているならば「丸い」と発話することになり、真横から見ているならば「四角い」と発話することになる。

(16) a 丸い。(話し手が真上から見ている場合)
　　 b 四角い。(話し手が真横から見ている場合)

つまり、円柱の例には〈視座：どこ（真上／真横）カラ見ているか〉が関与するのである。そしてやはり、〈注視点：円柱ヲ見ている〉など他の要素は言語（(16)a-b）には関与しない。

したがって、言語の研究に視点を持ち出すのであれば、ある文法項目には〈視点人物・注視点・視座・視野・見え〉のうちどの要素がどのように関与するのかという点に常に意識的でなければならない。しかるに、従来の研究ではこの点が必ずしも十分に意識されてきたとは言い難い。たとえば、ヴォイスの選択について、他動詞文（AがPをVする）では動作主に、受動文（PがAにV（ら）れる）では被動作主に視点があるという説明がなされることがあるが（これについては2.2節でも述べた）、この場合の視点とは〈視点人物・注視点・視座・視野・見え〉のうちのどの要素で、それは具体的にどのようにヴォイスの選択に関与するのだろうか。また、日本語の他動詞文／受動文と他言語（英語・中国語など）の他動詞文／受動文には同じ要素（視点人物・注視点・視座・視野・見え）が同じように関与すると言うことができるだろうか。この点を十分に意識することなく言語の研究に視点を安易に持ち出してしまうならば、視点の定義は徒に多様化してしまうことになる。また、視点を持ち出しておきながらこの点が十分に意識されていないのであれば、そもそもある文法項目の説明に視点は不要ということにもなりかねない。

これに対して、視点を「ある人があるモノ・コトをどのように見ているか」という意味でのみ用いることを方針とする本書としては、ある文法項目に関与するのは〈(見るという行為に関係する)視点人物・注視点・視座・視野・見え〉のうちのどの要素であるかという点を常に意識し続けることになる。

5．本書の目標

では、視点を「モノ・コトをどのように見ているか」という意味でのみ用いていくことによって、本書では何を成し遂げることを目指すのか。第5節では本書の目標について具体的に述べたいと思う。

5.1　目標（1）　視点研究の精緻化

本書では、まず、「視点研究の精緻化」を目指していくことにな

る。視点研究の精緻化とは、一つ一つの個別の文法項目に視点がどのように関与するかについて詳細に検討するという作業のことである。より具体的には、個別の文法項目と視点の関係について次の二つの点を従来の研究以上に詳細に検討していきたいと考えている。

（ⅰ）　視点の意味合い：それぞれの文法項目には〈視点人物／注視点／視座／視野／見え〉のうちのどの要素が関与するのか。

（ⅱ）　視点の決定のされ方：それぞれの文法項目において視点（＝視点人物・注視点・視座・視野・見え）はどのように決定されるのか。

　ここで、第4節で挙げただまし絵の例と円柱の例をもう一度思い出していただきたい。

　だまし絵の例では〈注視点：どこ（白い部分／黒い部分）ヲ見ているか〉が、そして円柱の例では〈視座：どこ（真上／真横）カラ見ているか〉がそれぞれ言語に関与するということであった。これがすなわち視点の意味合いである。

　しかし、これを明らかにしただけではだまし絵・円柱という"文法項目"と視点の関係について十分に考察がなされたということにはならない。この次に、だまし絵の例と円柱の例のそれぞれにおいて視点（＝視点人物・注視点・視座・視野・見え）はどのように決定されるのかという点が明らかにされなければ、話し手がどのような場合に「盃だ／二人の人間だ」と語るのか、また、「丸い／四角い」と語るのかを説明することはできないからである。では、話し手はどのような場合に白い部分／黒い部分を見ることになるのか。また、どのような場合に真上／真横から見ることになるのか。

　もちろん、いま与えられている状況においては、白い部分／黒い部分のどちらを見るか、真上／真横のどちらから見るかは完全に話し手の裁量に任されることになる。しかし、たとえば、他人からだまし絵の白い部分を見るように命令・依頼された、円柱の真横に何か障害物が存在するというような場合には、話し手は高い確率でだまし絵の白い部分を見ること、円柱を真上から見ることを選択することになるだろう（結果として、「盃だ」、「丸い」と語ることにな

る)。言うまでもなく、話し手が白い部分／黒い部分を見ることを選択する状況、真上／真横から見ることを選択する状況をすべて挙げるのは困難であるが、それでも、話し手の視点を決定し得るのはどのような要素であるかという点をできるだけつぶさに挙げていくことで、だまし絵・円柱というそれぞれの"文法項目"において視点（＝視点人物・注視点・視座・視野・見え）はどのように決定されるのかという問題についてできるだけ丁寧、且つ詳細に回答していきたいと思う。

　以上が、本書の目標の一つ目、すなわち「視点研究の精緻化」という作業である。

　なお、本書では、数多くの文法項目のうち、日本語の「（て）やる／（て）くれる」文、「行く／来る」文、ヴォイス（他動詞文／受動文）、及び中国語のヴォイスが主な考察対象となる。たとえば、日本語のヴォイスという項目には視点がどのように関与するだろうか。つまり、「AがPをVする」（他動詞文）と「PがAにVされる」（受動文）の選択には〈視点人物・注視点・視座・視野・見え〉のどの要素が関与しているだろうか。そして、話し手はどのような場合に「AがPをVする」／「PがAにVされる」と語るような視点（＝視点人物・注視点・視座・視野・見え）を選択することになるのだろうか。

　本書では第3章～第6章の四つのチャプターを視点研究の精緻化にあてることになる。

5.2　目標（2）　視点研究の体系化

　本書のもう一つの、そして最大の目標は「視点研究の体系化」である。視点研究の体系化とは、ある文法項目Aに対する視点の関与の仕方と、別の項目Bに対する視点の関与の仕方の共通点や相違点に基づいて、「視点」から見た複数の文法項目のネットワークとでも呼ぶべきものを構築していく作業のことである。

　たとえば、ここにA、B、C、Dの四つの文法項目があるとする。（あまりに模式的な言い方になってしまうが）視点研究の精緻化の作業の結果、このうちAとBには〈注視点：どこ（P／Q）ヲ見て

いるか〉が関与し、CとDには〈視座：どこ（X／Y）カラ見ているか〉が関与しているということが明らかになったとしよう。そうすると、AとBはともに〈注視点〉が関与するという意味で、そしてCとDはともに〈視座〉が関与するという意味でそれぞれ共通点を有しているということになり、一方、「A・B」と「C・D」は視点の関与の仕方が全く異なるということになる。ゆえに、ここまでで明らかになった共通点・相違点に基づくならば、次の図6のように視点から見た複数の文法項目のネットワークが構築されることになる。

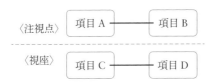

図6　視点から見た複数の"文法項目"のネットワーク

　このようにして複数の文法項目のネットワークを構築していくこと、これが本書の最大の目的である「視点研究の体系化」である。
　では、この作業はなぜ本書の最大の目標になり得るのか。それは、ネットワークを構築することによって、視点の関与の仕方が共通している幾つかの項目（例：図6のAとB）については統一的な説明を与えることが可能になり、つまりは久野（1978）が試みたように、視点に関する一般原則を立て、これを複数の文法項目に適用することが可能になるということが期待できるからである（視点研究の意義の一つがここにあるということは3.2節で述べた通りである）。
　先に述べたように、本書で主な考察対象となるのは「（て）やる／（て）くれる」文、「行く／来る」文、ヴォイス（他動詞文／受動文）、及び中国語のヴォイスである。第3章～第6章でこれらの項目に視点がどのように関与するかを詳細に考察したのち（＝視点研究の精緻化）、第7章では、これらの項目を対象として、視点から見た複数の項目のネットワークの構築（＝視点研究の体系化）を目指したいと思う。

5.3 精緻化と体系化の関係

　ここまでで述べてきたように、本書では視点研究の「精緻化」と「体系化」の二つを目指していくことになる。ただし本書は、これら二つの目標を同じ重要度で並列されているものと考えているわけではない。筆者が考える「精緻化」と「体系化」の関係は次に述べる通りである。

　（ⅰ）　考察の順番：本書ではまず「精緻化」を実現した後に「体系化」を目指す。
　（ⅱ）　重要度：本書にとって重要度がより高いのは「体系化」の方である。「精緻化」はそれ自体が目標であると言うよりは、「体系化」を実現するための非常に重要な準備であると位置付けられる。

　まず（ⅰ）について。本書は、異なる項目に対する視点の関与の仕方は完全に同じではないだろう（しかし、ある文法項目Aと別の項目Bに対する視点の関与の仕方にはどこかに共通点が見出される可能性もまた高いだろう）という考え方に立っている。この考え方からすると、ある一つの意味での視点が日本語や他言語の数多くの項目に幅広く関与するということを前提とした上で、その視点が個別の文法項目に具体的にどのように関与するかを検討するという順番を取ることは不可能である。むしろ、一つ一つの個別の文法項目に対する視点の関与の仕方について十分に検討し、複数の項目A、B……に対する視点の関与の仕方の共通点・相違点を明らかにした上で、最終的に視点から見たネットワークの構築を目指すという順番（精緻化→体系化という順番）にならざるを得ない。つまり、本書がこの順番を取るのは、精緻化なくしては体系化はあり得ないと考えるからである。

　次に（ⅱ）について。すでに述べたように、筆者は、一つ一つの個別の文法項目について説明するためだけならばわざわざ視点を持ち出す必要はないと考えている。視点研究の意義の一つは、言語の研究に視点を持ち出すことで複数の文法項目について統一的な説明を与えることができるようになる可能性があるということである。そして、これを本当に実現するためには、どの項目とどの項目が視

点の関与の仕方という点で共通点を有しているか（或いは、異なっているか）という点をきちんと整理する必要がある。そのようなわけで、「体系化」はそれ自体が本書の最大の目標になり得るが、「精緻化」はそれ単独では本書の目標にはなり得ないのである。ただし、「精緻化」は「体系化」を実現するための非常に重要な準備である。

6. 本書の構成

ここまでの部分では、視点研究の歴史と現状、そして意義、本書の目的や方針といった本書の背景となる事柄を述べてきた。これで具体的な考察に入る準備は整ったと思われる。そこで、本章の最後にあたる第6節では、本書（第2章以降）の構成をごく簡単に示すことで全体を見通しやすくしておきたいと思う。

本書は次のように大きく四つの部分に分けられる。
第Ⅰ部分：先行研究の整理（第2章）
第Ⅱ部分：視点研究の精緻化（1）——「（て）やる／（て）くれる」文・「行く／来る」文（第3章～第4章）
第Ⅲ部分：視点研究の精緻化（2）——ヴォイス（他動詞文／受動文）（第5章～第6章）
第Ⅳ部分：視点研究の体系化の試み（第7章）

【Ⅰ．先行研究の整理】
よく知られているように、視点に関する先行研究はこれまで非常に数多く発表されており、枚挙に暇がないほどである。したがって、第2章では一つのチャプターを割いて先行研究を整理しておきたいと思う。

【Ⅱ．視点研究の精緻化（1）——「（て）やる／（て）くれる」文・「行く／来る」文】
第3章と第4章は視点研究の精緻化の前半である。
まず、第3章では授与本動詞「やる／くれる」文と移動動詞「行く／来る」文という二つの文法項目に視点がどのように関与するの

かについて考察する。これらは大江（1975）や久野（1978）が重点的に取り扱った項目でもあり、視点研究の場で議論される代表的な項目でもある。なお、これら二つの項目を一つのチャプターで扱うのは、「行く／来る」文は「移動行為者Ａ」の「Ａ地点*5→Ｂ地点」の移動を表すのに対して、「やる／くれる」文は「授与されるモノＸ」の「Ａさん→Ｂさん」の移動（授与）を表すという意味で両者はパラレルであり、したがって視点の関与の仕方についても検討すべき問題点を共有していると考えられるからである。

次に、第４章では授与補助動詞「てやる／てくれる」文に視点がどのように関与するのかについて考察する。モノの授与を表す「やる／くれる」文で表される事象に参与するのはモノの与え手と受け手の二者であるのに対して、コトの授与を表す「てやる／てくれる」文で表される事象にはコトの与え手・受け手に加えて受益者（当該の事象から直接的・間接的に恩恵を受ける存在）の三者が参与する。そのため、視点の関与の仕方も、「やる／くれる」文の特徴を一部では引き継ぎつつもより複雑になるものと思われる。

【Ⅲ．視点研究の精緻化（２）――ヴォイス（他動詞文／受動文）】
第５章と第６章でも引き続き視点研究の精緻化に取り組む。考察対象となる文法項目はヴォイス（他動詞文／受動文）である。

まず、第５章では日本語のヴォイスに対する視点の関与の仕方について考察する。日本語の受動文をニ受動文・間接受動文・ニヨッテ受動文の三つに分類した上で、他動詞文／ニ受動文の選択には視点がどのように関与するのか、間接受動文が適格となるか否かに視点はどのように関与するのか、一般的に［－有情］の名詞（句）が主語の位置に据えられるニヨッテ受動文には話し手の視点がどのように関与しているのかというような点について考察していきたいと思う。

次に、第６章ではヴォイス（他動詞文／（ニ）受動文の選択）と視点に関する日本語と中国語との対照研究を試みる。他動詞文／（ニ）受動文の選択に対する視点の関与の仕方は日中両語でどのように異なる（或いは、共通する）のであろうか。なお、ここで中国

語のことも話題にするのは、他言語（中国語）の特徴にも目を向けることによって、この部分までで日本語について考察し明らかにしてきた事柄を相対化し、日本語という言語に対する視点の関与の仕方についての理解をより深めることが可能になるということを期待してのことである。

【Ⅳ．視点研究の体系化の試み】

　最後に、第7章では視点研究の体系化に取り組むことになる。

　ここまでの部分では、日本語の「（て）やる／（て）くれる」文、「行く／来る」文、ヴォイス（他動詞文／受動文）、及び中国語のヴォイスに視点がどのように関与するかについて詳細に検討してきた。

　これを承けて、第7章では、これらの文法項目のうちどの項目とどの項目に対する視点の関与の仕方が共通しているか（或いは、異なっているか）を整理していき、その結果に基づいて視点から見た複数の文法項目のネットワークを構築していくことを目指したいと思う。

　以上が本書全体の構成である。第2章以降はここで述べた構成に沿って議論を進めていきたいと思う。

―――――――――

＊1　ただし、言語と視点に関する先行研究は第2章で一つのチャプターを割いて詳細に紹介することになっている。したがって、ここでは、視点研究の大まかな流れを簡単に振り返り、視点研究全体の現状や問題点について指摘するにとどめておく。
＊2　このことを、本多（2013）は「言葉には視点がはりついている」と表現している。
＊3　（ⅰ）、（ⅱ）のような幾つかの原則はどれも「話し手にとって共感（視点）を寄せやすい名詞（句）とそうでない名詞（句）がある」という一つの原則に基づくものであるということに注意されたい。
＊4　ただし、本多（2005）自身が述べているように、次に挙げるリストは、松木（1992）によって提案された〈視点人物〉、〈注視点〉、〈視座〉、〈見え〉に

本多が〈視野〉を加えたものである。
＊5　ここでの「A地点」とはAの現在（或いは、過去・未来）における存在位置を意味する。

第 2 章
先行研究の整理

1. はじめに

　本章では一つのチャプターを割いて「視点」に関する先行研究を整理する。
　改めて指摘するまでもなく、言語学（日本語学）の分野においても視点研究は非常に盛んに行われており、その研究蓄積は膨大な数に及ぶ。そこで本章では、まず視点が関係する先行研究を次のように四つに分類した上で、それぞれのグループにどのような研究があるか、順を追って見ていくことにしたいと思う。

　（ⅰ）　視点研究の「流れ」を形成している二大研究（久野暲の研究と池上嘉彦の研究）
　（ⅱ）　視点の定義についての研究
　（ⅲ）　視点と個別の文法項目の関係についての研究
　（ⅳ）　視点に関する日英・日中対照研究

2. 視点研究の二つの流れ　共感度と事態把握

　言語学（日本語学）の分野における視点研究と言えば、久野（1978）、大江三郎（1975）などの1970年代の研究を出発点として、以後、非常に数多くの研究成果が蓄積されてきているが、その中でも現代の研究に特に大きな影響を与えているのは久野（1978）の「共感度」という観点と池上（2003, 2004, 2006）の「事態把握」という観点であると言えよう。

2.1　久野暲（1978）の「共感度」

　よく知られているように、久野（1978）の最大の功績は視点と

いう概念を言語学の領域にいち早く本格的に導入したことである。久野は、授与動詞「(て) やる／(て) くれる」文をはじめとして、移動動詞「行く／来る」文、受身文、「もらう」文、相互動詞文 (会う、結婚する、〜合う)、直接・間接再帰代名詞、主観表現 (いとしい、懐かしい) など実に多種多様な文法項目について、自らが導入した「視点」という概念、及び自らが立てた視点に関する一般原則を用いて統一的な説明を与えている。

　たとえば、授与動詞「やる／くれる」の用法と使い分けについて。久野 (1978) によると、「くれる」は与格目的語 (モノの受け手) 寄りの視点、「やる」は主語 (モノの与え手) 寄りの視点を要求するという視点制約を内包している (pp.141–142)。そして、この視点制約は発話当事者の視点ハイアラーキー (p.146) など他の視点制約と矛盾してはならない。

　(1) a　太郎は私にプレゼントを {*やった／くれた}。
　　　b　私は太郎にプレゼントを {やった／*くれた}。

　この原則によると、(1)aで「やる」が不適格であるのは、発話当事者の視点ハイアラーキーは「私」寄りの視点 (E (私) > E (太郎)) を要求するのに対して、「やる」は主語である「太郎」寄りの視点 (E (太郎) > E (私)) を要求してしまい、両者に矛盾が生じるからであるということになる。また、bで「くれる」が不適格であるのも、「くれる」が与格目的語である「太郎」寄りの視点 (E (太郎) > E (私)) を要求してしまうからである。なお、Eはある名詞 (句) xに対する話し手の共感 (Empathy) = 自己同一視化の度合い、すなわち話し手がxにどの程度視点を寄せているかを表す (p.134)。

　さて、非常に広範囲にわたる久野 (1978) の考察の中で、筆者にとって特に興味深く感じられたのは再帰代名詞「自分」の用法とその指示対象について視点との関係で考察がなされている部分である。久野 (1978) は、(i) 再帰代名詞「自分」は、同じ領域内のどの事物よりもその指示対象寄りの視点を表す (p.206)、(ⅱ) (その視点制約の適用領域は)「自分」が所有格で用いられている時には、それを含む最小の名詞句 (「自分ノX」)、さもなくば、「自

分」を含む最小の節である（p.223）という原則を提案することによって、たとえば、次の（2）a–b がともに適格である理由と、a–b のいずれにおいても「自分」が「通リガカリノ人」を指す理由について合理的な説明を与えている。

(2) a 通リガカリノ人ガ、花子ヲ、自分ガ運転シテイタ車デ、病院ニ運ビ込ンデクレタ。
  b 通リガカリノ人ガ、花子ヲ、自分ノ車デ、病院ニ運ビ込ンデクレタ。　　　（a–b とも久野（1978: 222））

(2)a において、「自分」がその指示対象寄りの視点を表すという制約は「自分ガ運転シテイタ車デ」の節においてのみ適用される。したがって、「自分」が要求する視点は「通リガカリノ人」寄りの視点（E（通リガカリノ人）> 0）である。一方、主文の「テクレタ」が要求する視点は「花子」寄りの視点（E（花子）> E（通リガカリノ人））であるから、「自分」の視点と「テクレタ」の視点は矛盾しない。

(2)b でも、「自分」の視点制約は「自分ノ車」の部分にのみ適用されるため、ここでの「自分」が要求する視点は「通リガカリノ人」寄りの視点（E（通リガカリノ人）> E（車））であり、ここでの「自分」は「通リガカリノ人」と「花子」の間の視点関係は指定しないため、「テクレタ」が要求する「花子」寄りの視点（E（花子）> E（通リガカリノ人））との間に矛盾が生じることはない。

そのようなわけで、(2)a–b ともに「自分」が新登場人物である「通リガカリノ人」を指しながら文全体が適格となるのである。

このように、久野によって提案された幾つかの視点に関する原則は様々な文法項目について合理的な説明を与えるのにたしかに貢献していると言うことができる。

2.2　池上嘉彦（2003, 2004, 2006）の「事態把握」

話し手がある事態をどのように眺め、言語化するかという観点から視点研究にその知見を提供している研究もあり、池上（2003, 2004, 2006）はその代表的なものである。

池上によると、話し手の事態の眺め方には「主観的把握」と「客

観的把握」の二種類がある。

(3) a　Vanessa is sitting across the table from me.
　　 b　Vanessa is sitting across the table.

(a–b とも Langacker（1990: 20）、池上（2006: 21））

　(3)a–bの二つの英文はいずれも話者とVanessaがテーブルをはさんで向かい合っているという構図を言語化したものである。しかし、aは話者（＝事態把握をする認知の主体）が事態の外に自らの身を置くというスタンスで把握の対象である事態と対立しているという意味で「客観的把握」の文である（当該の構図で撮られた写真を見ながらその写真について説明する際に出現しやすい）のに対して、bは話者が事態の内に自らの身を置くというスタンスで事態と融合し、それを自らが経験するという様相で捉えているという意味で「主観的把握」の文である（当該の構図の現場で話者がバネッサの存在に気が付いたというときに出現しやすい）という点が異なる*1。

　実は、池上は視点という術語を積極的に用いているわけではない。しかし、事態をどのように眺めるかという観点は間違いなく視点研究にとって欠くことのできない観点の一つである。

　池上（2003, 2004）は「言語における〈主観性〉と〈主観性〉の言語的指標」という題目の論文の前・後篇であるが、池上（2003）では、まず「主観性」という概念の定義が非常に詳細に検討され、主観性とは「主観的な事態把握の仕方に基づく発話」のことであるということになった。そして、主観性の「指標」として「自己の他者化（自己分裂）」、「自己投入（共感）」などの概念が導入された。これを承けて、池上（2004）では、心理的述語に関わる人称制限、指示詞の体系、「行く／来る」、認知の主体としての話者が言語化されるか否かなどの観点から、日本語と英語を対照しつつ、日本語話者には「主観的把握」に基づく発話が好まれるという結論を得ている。また、池上（2006）では、主に日本語における「自己」の「ゼロ」化に焦点を当てて、これを英語やドイツ語とも対照した結果、やはり池上（2004）と同様の結論が確認されている。

3. 視点の定義についての研究

　言語学の分野においても視点の定義があまりにも多様化しているというのは多くの研究者が問題視しているところであるが、この点を特に問題視し、視点の定義を明確にすることを目的として発表された研究が、たとえば井島正博（1992）や渡辺伸治（1999）である。

3.1　井島正博（1992）

　「視点」の定義そのものについて最も包括的な考察を行っているのは井島（1992）であると思われる。井島は、視点の問題と関連が深い数々の文法項目*2 のみならず、文章論・文体論・談話文法・テクスト言語学などと呼ばれる領域で議論されている視点の問題も含めて、幅広い分野における数多くの言語現象を同一の意味での「視点」で説明するための理論的枠組みの構築を目指している。

　井島の理論的枠組みにとって重要なのは、（ⅰ）話し手、及び聞き手にとっての「ウチ」と「ソト」の関係、（ⅱ）表現世界（対話が行われている世界）と話題世界（対話の内容を構成する世界）が重なるか否かの二点である。

　まず、表現世界と話題世界が重なる場合（井島はこれを「一次的視点」と呼んでいる）、表現世界（＝話題世界）において話し手、及び聞き手にとっての「ウチ／ソト」の領域を設定すればそれで事足りる。すなわち、話し手にとってA・Bはウチの領域でC・Dはソトの領域である。一方、聞き手にとっては、C・Bがウチの領域でA・Dがソトの領域である（図1）。

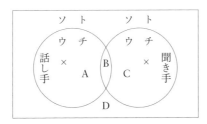

　図1　一次的視点における話し手、及び聞き手にとっての
　　　　ウチ／ソト（井島（1992: 2）より）

そして、Aの領域とCの領域については、Aは話し手にとってウチで聞き手にとってソト、Cは聞き手にとってウチで話し手にとってソトであるので、話し手にとっての「ウチ／ソト」と聞き手にとっての「ウチ／ソト」に偏りがある。このような場合を「対立型」と呼ぶ（図2（左））。一方、Bの領域とDの領域については、Bは話し手にとっても聞き手にとってもウチ、Dは話し手にとっても聞き手にとってもソトであるので、話し手にとっての「ウチ／ソト」と聞き手にとっての「ウチ／ソト」に偏りがない。このような場合を「融合型」と呼ぶ（図2（右））。

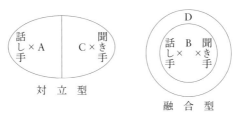

図2　対立型と融合型（井島（1992: 3）より）

　一次的視点を導入するだけでも指示詞の現場指示用法や情報のなわ張りといった幾つかの文法項目の説明が可能となる。なぜなら、「コ／ソ／ア」の使い分けや「直接∅形／直接ネ形／間接ネ形／間接∅形」の使い分けは、表現世界（＝話題世界）における話し手にとってのウチ（聞き手にとってのウチと対立する場合もあれば融合する場合もある）に視点が置かれ、そこから指示詞の指示対象や当該の情報を見てウチに属するものは「コ」や「直接ネ形・直接∅形」、ソトに属するものは「ソ・ア」や「間接ネ形・間接∅形」で表わされるのだと捉えることができるからである。

　ここまでが一次的視点の概略であるが、表現世界と話題世界は常に重なるとは限らない（むしろ、重ならないことの方が多いと言える）。そこで、両者が重ならない場合は（井島はこれを「二次的視点」と呼んでいる）、何らかの形で表現世界から話題世界への「視点の移行」が行われることになる。

　井島によると、「視点の移行」の方法は次の三つである。

（ⅰ）主体移行：話題世界で話し手がいるところを基準にして改めて表現世界とは違ったウチ／ソトの境界を設定する（図3（左））。
（ⅱ）領域移行：表現世界でウチ／ソトに世界を切り分けた領域をそのまま話題世界に移行させる（図3（中））。
（ⅲ）独立移行：表現世界とは独立して話題世界内に任意に視点原点を置いて、ウチ／ソト領域を設定する（図3（右））。

図3　視点の移行の方法（井島（1992: 5）より）

　二次的視点が導入されることで説明可能となる文法項目の数は飛躍的に増加することになる。ここでは、井島が二次的視点をもって説明を与えている文法項目のうち、「行く／来る」、「やる／くれる／もらう」、テンスの三つを紹介する。
　まず、「行く／来る」について。「行く／来る」の用法をごく単純化して言うならば、伝達時・到着時のいずれか（或いは、その両方）に話し手が到着点に居る（居た）場合には「来る」が用いられ、それ以外の場合には「行く」が用いられるということになる。井島はこれについて、二次的視点という概念を用いて、話題世界において設定された話し手にとってのウチの領域への移動には「来る」が選ばれる（それ以外は「行く」）と説明する。つまり、「昨日太郎がここに来たらしい。」のように伝達時に話し手が到着点に居る（居た）というのは「表現世界で設定したウチ／ソトをそのまま移行した話題世界における話し手にとってのウチへの移動」を意味し（領域移行が起こっている）、「昨日太郎が待ち合わせの場所に遅れてやって来た。」のように到着時に話し手が到着点に居る（居た）と

いうのは「話題世界に移行した話し手にとってのウチの領域への移動」を意味する（主体移行が起こっている）ということになる。

　次に、「やる／くれる／もらう」について。周知の通り、「やる」では渡し手、「くれる・もらう」では受け取り手にそれぞれ視点がある（「くれる」の受け取り手は非主語、「もらう」の受け取り手は主語の位置に置かれることになる）。井島によると、「太郎が花子にプレゼントをやった」、「花子が太郎にプレゼントをくれた」、「太郎が花子にプレゼントをもらった」のように話し手が関与しないやりもらいの場合、表現世界の話し手が話題世界の中の人物（この場合は「太郎」）がいるのと同じ場所に移行し（主体移行）、そこから見て「ウチ→ソト」の授受であるか「ソト→ウチ」の授受であるかによって「やる／くれる／もらう」が使い分けられるという意味で二次的視点が関与しているということになる。

　最後に、テンスについて。特に物語文（小説など）の場合、「クリックすると自分の側のメールソフトが自動で立ち上がる。真っ白なメール作成画面に少し気持ちが怯んだ。ネットはもっぱらロム専門で、巡回しているサイトでも管理人にメールを出したことはない。」（有川浩『レインツリーの国』）のように過去形と非過去形が混在することがあるが、これも二次的視点によって説明が可能となる。つまり、ここでの過去形・非過去形はいずれも表現世界から話題世界への視点の移行（この場合、主体移行）によるのであるが、その視点が話題世界のどこに移行するかによってどちらが選択されるかが決定されるのである。より具体的には、表現世界における視点を話題世界のはるか未来に移行させるならば過去形が、視点をもっぱら話題世界の現在に置くならば非過去形が選択されることになる。

　以上見てきたように、視点が関係すると思われるあらゆる言語現象をすべて同一の「視点」、つまり、一次的視点（表現世界＝話題世界におけるウチ／ソト）と二次的視点（表現世界から話題世界への視点の移行）によって説明しようというのが井島の立場である。そして、この試みは井島（1992）の中ではかなりの程度成功していると言うことができる。ただし、あまりにも多くの言語現象を同

一の意味での視点をもって説明しようとしているためか、個々の言語現象に対する説明が詳細さを欠いているという印象も否めない。

3.2 渡辺伸治（1999）

井島（1992）が視点の理論的枠組みを自ら構築することを試みているのに対して、渡辺（1999）は従来の言語研究において視点という術語がどのように用いられてきたかを丁寧に整理・分類することに軸足を置いた研究である。そして、その考察の範囲は単文、複文、そして虚構文（物語文）における視点の意味の問題にまで及んでいる。

まず、渡辺による視点諸概念の分類を筆者なりに捉えなおすならば次のようになる。

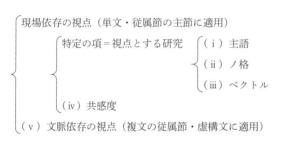

図4　渡辺（1999）による視点諸概念の分類

以下、渡辺の説明を（ⅰ）→（ⅴ）の順番で簡単に見ていく（「筆者注」と明記している部分以外はすべて渡辺が述べていることの要約である）。

（ⅰ）は「売る／買う」などの双方向動詞文の用法の説明などに用いられる。たとえば、「山田はきのう田中に車を売った」、「田中はきのう山田から車を買った」という二つの文があったとして、前者は「山田の視点からの記述」、後者は「田中の視点からの記述」であると説明されることがある。しかし、「関与者のうちどちらに視点をあてるか」というのは、「関与者のうちどちらを主語にするか」の言い換えにすぎない。また、主語項に視点があるという考え方は、後に（ⅳ）で取り上げる共感度と混同されることがあるが、

第2章　先行研究の整理　35

異なる概念である。

　(ⅱ)は「上／下」などの形式名詞が関係する視点である。たとえば、「教科書の上に辞書がある」、「辞書の下に教科書がある」という二つの文があったとして、前者では「教科書」に、後者では「辞書」(ともにノ格項)に視点があると言われることがある。しかし、これもまた「参与者のうちどちらをノ格にするか」→「どちらに視点をあてるか」の言い換えにすぎない。

　(ⅲ)の「ベクトル」とは、文中に顕在的・潜在的に現れる一つの項を視座とし、そこから視点のベクトルが注視点に向かって走っていると規定するものである。この意味での視点を用いることで、たとえば「前／後」の用法の一部が説明できる。その一例として、「ラケットの前にボールがある。」という文があったとする。この文は、参与する三者が「話し手―★ラケット―ボール▲」の順番で並んでいる状況と「話し手―▲ボール―ラケット★」の順番で並んでいる状況の両方を表せると思われる。もし前者に解釈されるとすれば、話し手の視座(▲)は話し手よりも遠い位置に置かれ、注視点(★)は話し手に近い位置に置かれ、ベクトルは話し手に近づく形で走っていることになる。一方、後者に解釈されるとすれば、その反対のことが起こっているということになる(筆者注：いずれにしても、ベクトルは「ボール→ラケット」の方向に走っているということに注意)。

　(ⅳ)の共感度は、言うまでもなく久野(1978)によって導入された概念である。(ⅰ)のところでも述べたように、主語が関与する視点と混同しないように注意が必要である。具体的には、主語項は文脈や状況に応じて変化するという意味で「動的」であり、共感度は話し手とある存在の心理的距離は文脈や状況が与えられる前にすでに決まっているという意味で「静的」である。また、主語項は参与者のうち視点は何かという絶対的な位置が問題になるという意味で「絶対的」であるのに対して、共感度は話し手とある存在との相対的な距離が問題になるという意味で「相対的」である。

　たとえば、「田中議員が山田議員に裏金を{やった／くれた}らしい。」という文があったとする。主語項を視点がある項であると

規定するならば、「やる／くれる」のどちらを選択したとしても「田中議員」に視点が置かれているということになる（筆者注：この場合の視点は、田中議員と山田議員のいずれに視点を置くかの二者択一の結果「田中議員」が選ばれたという意味で「絶対的」、文脈や状況によっては「山田議員が田中議員に裏金をもらった。」のように「山田議員」を主語にすることも容易であるという意味で「動的」である）。一方、共感度の原則からすると、「やる」が選択されるのは話し手が「田中議員」に視点を寄せている場合で、「くれる」が選択されるのは話し手が「山田議員」に視点を寄せている場合であるということになる（筆者注：この場合の視点は、話し手と田中議員・山田議員の心理的な距離の相対的な遠近が問題であるという意味で「相対的」、話し手にとって田中議員と山田議員のどちらが心理的により近いかは文脈や状況が与えられる前から決まっているという意味で「静的」である）。

　（v）の現場依存の視点・文脈依存の視点という概念（以下、それぞれ「現場視点・文脈視点」）は、野田尚史（1995）によるものである。現場視点とは「「私・今・ここ」を基準とした視点」のことであり、文脈視点とは「文脈によって設定された場を基準とした視点」のことである。前者は単文や複文の主節に適用され、後者は複文の従属節、そして虚構文に適用される。

　まず、文脈視点が従属節に適用されるというのは、たとえば、「＊隣の山田さんは、うちの娘に英語を教えてもらった」、「◯隣の山田さんは、うちの娘に英語を教えてもらって、喜んでいる」という二つの文のうち、前者は不適格で後者は適格であるというような現象を指している。つまり、前者では「もらう」が「山田さん」寄りの視点（E（山田さん）＞E（うちの娘））を要求してしまうため不適格となるが（現場視点の適用）、後者では「もらう」の共感度が主節の主語である「山田さん」を基準に計算されるため適格になるというわけである（文脈視点の適用）。

　また、文脈視点が虚構文に適用されるというのは、虚構文（物語文）では、（単文や複文の主節であっても）話し手（書き手）の「私・今・ここ」が基準となる現場視点をとる以外に、文脈に現れ

た登場人物の「私・今・ここ」を基準とする文脈視点を取ることができるという意味においてである。たとえば、久野（1978）も引用している夏目漱石の小説『三四郎』の冒頭、「うとうとして目が覚めると女は何時の間にか、隣の爺さんと話を始めている。この爺さんは熾かに前の前の駅から乗った田舎者である。発車間際に頓狂な声を出して、馳せ込んで来て、いきなり肌を抜いたと思ったら背中に御灸の痕が一杯あったので、三四郎の記憶に残っている。」の第一文、第二文が「三四郎」の視点から物語られているという直感は、この部分が「三四郎」にとっての「私・今・ここ」を基準に語られていることによるのである（文脈視点の適用）。

以上が、渡辺による視点諸概念の分類の概略である。

ところで、渡辺の考察は「視点概念の規定が曖昧なままで用法の記述に用いたり、過度の一般化がなされ、用法の記述が循環論、アドホックになっている場合がしばしばある」（pp.389–390）という問題意識を出発点としている。渡辺はこの点をさらに戒めて、視点とは「なんらかの基準によって恣意的に規定された、原理的に異なる複数の諸概念に貼られた同一のレッテル」であり、「極論すれば、その概念を表すのに「視点」という名称を用いる必要はない」（p.390）とまで述べている。なかなか手厳しい。

明確な定義が与えられることなく視点という術語が一人歩きしているという問題意識については筆者も大いに賛同する。しかし本書としては、視点研究の問題点を十分に意識しつつ、「諸刃の剣」（渡辺（1999: 400））としての視点を言語の研究により寄与する方法で用いていきたいと思う。

4. 視点と個別の文法項目の関係についての研究

久野（1978）によって言語学（日本語学）の領域に「視点」が本格的に導入されて以来、現在に至るまで、視点を用いてある文法項目（例：「（て）やる／（て）くれる／（て）もらう」と「行く／来る」、受動文、アスペクト・テンス、モダリティ、感情形容詞文の人称制限、敬語、空間関係を表す名詞の用法）について説明を与

えるという試みが数多くなされてきた。

4.1 「(て) やる／(て) くれる／(て) もらう」と「行く／来る」

　授受動詞*3「(て) やる／(て) くれる／(て) もらう」文と移動動詞「行く／来る」文は、視点が関与すると言われる文法項目の中でも最も代表的なものである。実際、視点に関する萌芽的研究となった大江（1975）が扱っているのは日本語の「行く／来る」、「やる／くれる／もらう」、そして英語の"go／come"であるし、言語学（日本語学）の領域に視点を本格的に導入した久野（1978）もまず「やる／くれる」の選択に注目し、これを視点の問題として捉え、視点に関する一般原則を他の項目にも適用していくことを試みている。

　そのため、「(て) やる／(て) くれる／(て) もらう」や「行く／来る」について視点との関係で論じている先行研究は非常に多い。たとえば、「(て) やる／(て) くれる／(て) もらう」については奥津敬一郎（1979）、続三義（1989）、井島（1997）、荻野千砂子（2007）、森勇太（2011a, b）、益岡隆志（2012）などが、「行く／来る」については陣内正敬（1991）、下地早智子（1997）、ザトラウスキー（2003）などがある。言うまでもなく、これらの研究で共通して前提となっているのは、「(て) やる」ではモノ・コトの与え手に、「(て) くれる」では非主語の位置に置かれる受け手に、「(て) もらう」では主語の位置に据えられる受け手に視点があるということ、そして「行く」では移動行為者に、「来る」では移動先にそれぞれ視点があるということである。

　このうち、「(て) やる／(て) くれる／(て) もらう」については、荻野（2007）や森（2011a, b）のように現代語のみならず日本語の授受動詞の歴史を考察の対象としているものもある。これらの研究によると、「(て) やる／(て) くれる／(て) もらう」にはもともと視点制約は存在せず、後の時代に発生したようである。このような変化について、荻野（2007）は、古代語では「てやる」、「てくれる」、「てもらう」はそれぞれ「意志」、「依頼」、「願望」と

いう特定のモダリティで多用されており、モダリティは人称と結びつくため「(て)やる／(て)くれる／(て)もらう」文における主格・与格に人称制限が生じ、これが視点制約が生じる基になった可能性があるという分析を行っている。また、森(2011a, b)は、中古語では主語・補語のどちらにも視点が置けていた「くれる」が、中世以降ではまず補助動詞「てくれる」が(現代語と同じく)補語視点のみで用いられるようになったという変化について、これは「話し手を高めてはいけない」という敬語運用上の語用論的制約が「てくれる」にも適用されたためであるという分析を行っている。

　また、「行く／来る」については、現代日本語の標準語(共通語)のみならず、陣内(1991)のように方言における「行く／来る」の用法について扱っているものや、下地(1997)のように他言語の「行く／来る」の用法との対照研究を行っているものなども多数ある。そのような中にあって、ザトラウスキー(2003)は、現代日本語の標準語を対象にしていると言うことができるが、共同発話(二人以上の話者が作り上げる統語上の単位)においては次の(4)のように視点ハイアラーキーでは説明ができない「行く」が現れることがあるという指摘がなされており、非常に興味深い。

(4)　(BはAに吉祥寺まで出て来るよう誘っている)
　　58A：(吉祥寺に)行ってもいいんだけども、
　　59B：　　　　　　　　　また行くのはめんどくさい？
　　　　　　　　　　　　(ザトラウスキー(2003:62)(一部表記改))

4.2　受動文(奥津敬一郎(1983a, 1992))

　受動文の用法と視点に関する研究としては、たとえば奥津(1983a, 1992)を挙げることができる。奥津の研究はもともと非情の受身非固有説([－有情]の名詞を主語とする受身文は日本語に固有のものではなく、西洋語の影響を受けて発生したものであるという説)は妥当か否かという問題意識から出発している。

　奥津(1983a, 1992)は『枕草子』、『徒然草』、『万葉集』における受身文の用法について調査し、これらの作品における直接受身文のうちそれぞれ27.0％、38.8％、17.2％が非情の受身であること

などから、非情の受身非固有説は妥当ではないと主張している。その上で、『枕草子』、『徒然草』、『万葉集』における受身文の使用状況から、直接受身文に限って言えば、話し手が視点を動作主と受動者のどちらに置くかという要素と視点の序列の仮説によって、なぜ受身文が使用されるのかが以下のように説明できるとしている。

　まず、「（ⅰ）名詞：有生＞無生」、「（ⅱ）有生：人間＞非人間」、「（ⅲ）人間：話し手＞非話し手」、「（ⅳ）非話し手：聞き手＞非聞き手」、「（ⅴ）非聞き手：身内＞非身内」という視点の序列を規定する（奥津（1983a: 72, 1992: 6））。この規定によると、たとえば有生名詞は無生名詞よりも視点の序列が上位であり、主語の位置に据えられやすいということになる。このため、『枕草子』、『徒然草』、『万葉集』の中に見られる受身文も次の例ように［＋有情］の名詞（有生名詞）が主語であるものが多い。

(5) 己が師（中略）いろをしと申すぼろに殺されけりと
　　　　　　　　　　　　　　　（奥津（1983a: 74）、『徒然草』115）
(6) 為兼大納言入道召し捕られて（奥津（1983a: 75）、『徒然草』153）

　また、非情の受身も一定数存在するということであったが、これについて奥津は、［－有情］の名詞が受身文の主語になる場合、非主語に格下げされる［＋有情］の名詞は文中に明示されないことが圧倒的に多く、本来なら視点が置かれるべき［＋有情］の名詞が文中に存在しないことが非情の受身の成立の動機となっているという説明を与えている（奥津（1983b: 75））。

(7) 近う立てたる屏風の絵などは、いとめでたけれども、見も
　　入られず　　　　　　　（奥津（1983a: 76）、『枕草子』271）
(8) 文保に三井寺焼かれし時　（奥津（1983a: 76）、『徒然草』86）

　言うまでもなく、古代語における受動文の用法と視点に関するこれらの考察は現代語にも当てはまるものである。

4.3　アスペクト・テンス（工藤真由美（1993, 1995）、益岡隆志（1991））

　たとえば、工藤（1995）は、アスペクト（する／している）の対立は「とらえかた」の違いであると述べている（p.62）。つまり、

「する（した）」ではある事象が点的に（時間的に限界づけられて）とらえられるのに対して、「している（していた）」では線的に（時間的に限界づけられないで、継続的に）とらえられる。

(9) a 「あと五分程で終わります。ここでお待ちになりますか」「いえ、その辺を歩いています。終わったら呼んでください」

b あしたはまず、松山城周辺を歩く。それからバスで奥道後へ行こう。

(a–bとも工藤（1995: 62）（下線も工藤による））

工藤が言うには、客観的には(9)aの「歩く」時間よりもbの「歩く」時間のほうがはるかに長いはずであるが、それでもaでは「している（歩いている）」が選択されており、これは「歩く」が線的にとらえられていることを示す。一方、bでは「する（歩く）」が選択されており、これは「歩く」が点的にとらえられていることを示す。

このようなことから、工藤は、「アスペクトは、解釈的な、視点に関わる文法的カテゴリーである」、「aspectの基になったラテン語aspectusの意味が、viewあるいはpoint of viewであったことが思い起こされる」と述べている（工藤（1995: 62））。

また、テンス（ル形／タ形）については、特に物語・小説などにおけるル形とタ形の選択やル形とタ形の共存が問題となる。

(10) 闇のなかでタバコの火口が赤く点っている。
「勝呂か」屋上にでた戸田は低い声で訊ねた。
「ああ」
「お前、煙草、喫ってんのか」
勝呂は返事をしなかった。彼は屋上の手摺りに靠れて、あごを両手の上においたまま前を向いている。F市は今夜も灯を消して空襲にそなえていた。

（工藤（1993: 46）、遠藤周作『海と毒薬』）

(10)のような現象について、工藤（1993）は、ここでは「物語世界外からの視点（外的視点；タ形が選択される）」か「物語世界内からの視点（内的視点；ル形が選択される）」かの対立が前面に

出てくる、小説の地の文（など）ではル形／タ形の対立は「視点の相違という文体的対立」として機能すると述べている。

なお、益岡（1991: 156–172）も物語文のテンスについてカメラの遠近調節（＝視点のあり方）の比喩を用いて説明している。すなわち、物語中の事態の描写の仕方はロング＝ショットとクローズ＝アップの二つに分けられるが、このうち前者では表現時を基準時点として事態をその事態から距離を置いて眺めることになる（工藤(1993) の外的視点に相当）ためタ形が選択され、後者では物語中の事態の時を基準として別の事態を眺めることになる（工藤(1993) の内的視点に相当）ため（多くの場合）ル形が選択されるということである。

このように、アスペクト・テンスといった時間の表現も視点との関係で議論されることが多い。

4.4　モダリティ（松木正恵（1993））

ここまでで見てきた文法項目とは違って、モダリティ表現の用法の説明に視点を用いている先行研究は多くはない。そのような中にあって、松木正恵（1993）は、「はずだ／わけだ」を一つの例として、文末表現（モダリティ）の分析にも視点は有効な概念であるということを主張した論考である。

まず、松木（1993）にとっての視点とは「思考の流れ」、すなわち、話し手の思考は「前提P」があって「結論Q」が生起するという推移の中のどこから開始し（視座）、どのような道筋をたどり（視線）、最終的にどこに到達するか（注視点）という概念である。このような視点の捉え方を松木は「論理的視点」と名付けている。

そして、松木はこの意味での視点を用いて「はずだ／わけだ」の違いについて次のように説明をしている。たとえば、次の例をご覧いただきたい。

(11)　隣室の江上は、いったん、燃えあがる寮から逃げ出すと、気になって、戻って来て、私が眠りこけているのに気がついて、あわてて、起こしてくれたのである。その時は、すでに、周囲は火の海になっていたから、私が起きるの

が、もう二、三分でも遅かったら、完全に焼死していた<u>筈である</u>｛／?わけである｝。

(松木 (1993: 42)、西村京太郎『友よ、松江で』)

　まず、(11) の「はずだ」は概言の用法であるが、話し手の思考は前提P「私が起きるのがもう二、三分遅い」から開始し、「すでに周囲は火の海になっていた」などを根拠とする推論を経て、最終的に結論Q「完全に焼死する」にたどり着く。

(12)　特急「白根」は「谷川」と併合して、上野を出発します。(中略) 線路は、渋川で分岐しているが、列車が、実際に分割するのは、一つ手前の新前橋です。つまり、新前橋から渋川までの十分間、「谷川」と「白根」は、同じ線路を、前後して走る<u>わけです</u>｛／*はずです｝よ。

(松木 (1993: 46)、西村京太郎『死を運ぶ特急「谷川5号」』)

　一方、(12) の「わけだ」は説明の用法であるが、この「わけだ」は前提P「特急「白根」は「谷川と併合」」、「線路は渋川で分岐するが、列車の分割は一つ手前の新前橋」を認識し直すことによって新たな結論Q「新前橋から渋川までの十分間、「谷川」と「白根」は同じ線路を前後して走る」を導くという機能を有する。

　「はずだ／わけだ」の視点の違いを松木は次のように図示している。

図5　「はずだ」(左) と「わけだ」(右) の視点 (松木 (1993: 43, 46) より (一部改))

　つまり、「はずだ」と「わけだ」では視座の位置が異なると考えることができる。

　さて、寺村秀夫 (1984) は文末表現 (寺村の言葉では「ムードの二次形式」) を「概言」と「説明」の二つに分けた上で「はずだ／わけだ」ともに「説明」の方に分類しているが、松木 (1993)

が指摘しているように、実際には「はずだ／わけだ」ともに「概言」・「説明」両方の用法を持つ。それで、松木の論理的視点という考え方が優れている点の一つは、「概言」・「説明」の二分法では説明がつかない「はずだ／わけだ」の違いについて明らかにすることを可能にしたところであると言うことができる。ただし、松木自身が述べているように、同論文が発表された時点で文末表現（モダリティ）と視点に関する研究はまだ始まったばかりであって、今後検討すべき事柄もまた非常に多い。

4.5　感情形容詞文の人称制限（甘露統子（2004, 2005）、岡本真一郎・多門靖容（2014））

　感情形容詞文の人称制限についても視点を用いた説明がなされることが多い。甘露統子（2004, 2005）はその代表的なものである。

　よく知られているように、日本語の一般的な対話（金水敏（1989）が「報告」と呼ぶもの）においては、感情形容詞文に人称制限がかかる。すなわち、感情（例：嬉しい）の主体が一人称であれば述語は断定形「嬉しい」を取ることができるが、感情の主体が二・三人称である場合は断定形を取ることができず、「嬉しそうだ」のように非断定形にしなければならない。

　(13) a　（私は）嬉しい！
　　　 b　＊太郎は嬉しい。（cf. ○太郎は嬉しそうだ。）

　しかし、日本語でも小説の地の文など（金水（1989）が「語り」と呼ぶもの）においては人称制限は解除される（ことがある）。ただし、このときの述語は（断定形の）タ形を取るのが一般的である。

　(14)（小説の地の文で）そのとき、太郎はとても嬉しかった。

　このことから、日本語の感情形容詞文について、「「報告」ではなぜ人称制限がかかるのか」、「「語り」ではなぜ人称制限が解除されるのか」、そして「人称制限が解除される場合、述語はなぜ（断定形の）タ形を取るのか」という三つの疑問が生じることになる。

　このうち、前二者について甘露（2004, 2005）は次のように回答している。すなわち、「報告」の文では視点は話し手から決して離れないため、一人称と二・三人称の間には埋まるべくもない溝が

横たわり、それゆえに人称制限がかかるが（図6（上））、「語り」の文では視点は話し手から（空間的にも時間的にも）離れて展開するため、すべての登場人物が観察可能領域に入り、それゆえに人称制限は解除される（図6（下））。

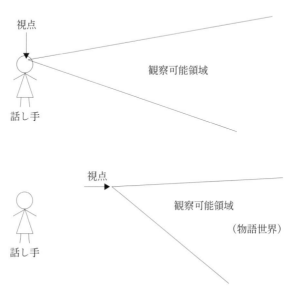

図6 「報告」の視点（上）と「語り」の視点（下）（甘露（2004: 99）より）

　さらに、甘露によると、人称制限が解除される際に述語が（断定形の）タ形を取るのは、人称制限が解除されるためには話し手の視点と言表事態（＝物語世界）が時間的・空間的に切り離される必要があるが、このうち時間的に両者を切り離す役割をするのが文末詞の「た」であるから、人称制限が解除される際には必然的にテンスはタ形でなければならないという理由による（甘露（2005: 115-116））。
　また、岡本真一郎・多門靖容（2014）は「報告」の文における人称制限の解除について語用論的な立場から考察している。従来、「報告」の文で人称制限が解除され得る可能性について論じられることはほとんどなかった。しかし、岡本・多門によると次のような場合には日本語の「報告」の文であっても人称制限が緩和・解除さ

れる（ことがある）。すなわち、（ⅰ）仮定的表現である、（ⅱ）一般論を述べる、（ⅲ）話し手が社会的役割上、他者視点を取る権利を有している、（ⅳ）先行句などによって他者への視点接近が明示されている、（ⅴ）副詞などによって推測的に述べるというような場合である。

(15) a （知人同士で）課長が高く評価するなら、前田さんは嬉しいよ。
b （親同士で）鍵っ子は寂しい{ですね・ものですね}。
c （相撲解説者）（力士が）立ってから四つになりたいですねえ。
d （知人同士で）課長に高く評価されて、前田さんは嬉しいね。
e （松本の友人が）松本君は{たぶん・おそらく・絶対に}昇進したいですよ。

(a–eすべて岡本・多門（2014: 72–74））

以上のように、感情形容詞文の人称制限については視点を用いて様々な角度から研究がなされている。

4.6　敬語（益岡隆志（2009））

視点との関係で議論されることがある文法項目は敬語（尊敬構文）にも及ぶ。

益岡（2009）は尊敬構文をまず「ナル型尊敬構文」と「スル型尊敬構文」に分けている。ナル型尊敬構文とは動作の主体に対する敬意を表す尊敬構文で、スル型尊敬構文とは動作の相手に対する敬意を表す尊敬構文である。

(16) a 　先生がお話しに<u>なった</u>。（ナル型尊敬構文）
b 　太郎が先生にお話し<u>した</u>。（スル型尊敬構文）

(a–bとも益岡（2009: 7）（一部改））

そして益岡によると、ナル型尊敬構文とスル型尊敬構文は次のように視点の違いという観点から捉え直すことができる。すなわち、ナル型尊敬構文では、話し手は、「先生が話す」という意志が関与する事象であっても、その行為者（先生）の内面からは距離を置き、

あたかも自然現象を眺めるかのように当該の事象を事象の外側から見るという立場を取っていることになる（事象に対する外の視点）。一方、スル型尊敬構文では、話し手は「太郎が先生に話す」という事象の相手（先生）に対して動作の主体（太郎）を通して間接的に敬意を表すという意味で、当該の事象を事象の内側から見るという立場を取っていることになる（事象に対する内の視点）。

このように、視点は尊敬構文の説明（より具体的には、主体敬語と客体敬語の違いの説明）にも有効に用いることができる。

4.7　空間関係を表す名詞の用法（野田尚史（1987））

空間関係を表す名詞「上／下」、「前／後」、「左／右」、「縦／横」などの用法に視点（＝ヒトが自らの周辺に広がる空間をどのように見ているか）が関与するというのは容易に想像できることであるが、野田（1987）はまさにこれらの名詞の用法について調査している。

たとえば、「縦／横」については、（ⅰ）重力が働く方向を基準にとる見方、（ⅱ）人や物の前面と背面を結ぶ方向を基準にとる見方、（ⅲ）物の長辺の方向を基準にとる見方の三つの基準があり、通常は（ⅰ）→（ⅱ）→（ⅲ）の順番で優先され、これに基づいて「縦／横」の選択が行われるという結論を得ている。

また、「左／右」については、野田は次のような調査を行っている*4。

図7　二人の人間と柱の写真（野田（1987: 235）より）

まず、図7の写真を見せて「柱の左にいる人は誰ですか」と尋ねたところ、「佐藤さん：18％」、「山下さん：77％」、「分からない：5％」という結果が得られた。

図8　三人の人間の写真（野田（1987: 235）より）

　次に、真ん中の柱を人間（田中先生の奥さん）に変えた図8を見せて「田中先生の奥さん（図8の真ん中の人）の左にいる人は誰ですか」と尋ねたところ、今度は「佐藤さん：31％」、「山下さん：65％」、「分からない：4％」という結果になった。

　野田によれば、日本語話者の場合、図7では話し手の視点で左右を決める人（「山下さん」と答える人）が多い（77％）が、少数ながら「佐藤さん」と答える人もおり（18％）、この人たちは「写真に写っている山下さん・佐藤さんの視点に入りこんで左右を決めている」ということになる。そして、図8のように真ん中の柱を人間に変えた場合、「写真に写っている人の側に立って、その視点で左右を決める人（＝「佐藤さん」と答える人）」の割合が図7のときより増加する（18％→31％）。

　野田（1987）も述べているように、「Xの左にあるのはAか、Bか」、「AはXの左にあるか、右にあるか」など、空間関係を表す「上／下」、「前／後」、「左／右」、「縦／横」といった名詞の用法は人によって正反対になる場合があり、難しい。したがって、空間関係を認識するにあたって私たちはどのような視点の取り方をするのかという点を詳細に調査するというのは非常に重要なことである。

5. 視点に関する日英・日中対照研究

2000年に入った頃からは、視点に関する日英・日中対照研究が出現するようになった。

5.1　日英対照研究（1）（森山新（2006））

森山新（2006）は移動動詞、授与動詞、受動文といった項目について視点研究の立場から英語との対照を行っており、その主張の中心は、日本語では「どの視点から眺めるかという点においては、特別な理由がない限り、話し手、または話し手が気持ちを寄せた人物ということになり、視点が固定される」（森山（2006: 32））というものである。

実際、日本語では認知主体である「私」からの見えに基づいて言語形式が選択される（つまり、視点が「私」に固定される）傾向が強い。たとえば、移動動詞や授与動詞の場合、日本語では「私」からの見えに基づいて、つまり、当該の移動・授与が「私」からの移動・授与であるか「私」への移動・授与であるかに基づいて動詞が使い分けられる*5。

(17)　　A：ちょっと来て！（「あなた→私」の移動）
　　　　B：すぐ行きます。（「私→あなた」の移動）
(18)　　A：これ、あげます。（「私→あなた」の授与）
　　　　B：くれるんですか。（「あなた→私」の授与）

これに対して、英語では必ずしも「私」からの見えに基づいて言語形式が選択されるわけではない。

(19)　　A：Please come here!（「あなた→私」の移動）
　　　　B：I'm coming!（「私→あなた」の移動）
(20)　　A：I give you this.（「私→あなた」の授与）
　　　　B：You really give me this?（「あなた→私」の授与）

このように、森山は、日本語では視点は「私」に固定される（英語ではそのようなことはない）と考えることによって、移動動詞、授与動詞、受動文における日本語と英語の振る舞いの違いについて一貫性のある説明を与えている。

5.2　日英対照研究（2）（金谷武洋（2004））

金谷武洋（2004）もまた話し手の視点の取り方について日本語と英語を対照している。そして、視点に関する金谷の主張は、日本語は虫の視点で出来事を眺める言語であり、英語は神の視点で出来事を眺める言語であるという一言に尽きる。

たとえば、金谷はかの有名な小説『雪国』の冒頭とその英語訳を引きあいに出している。

(21) a 　国境の長いトンネルを抜けると雪国であった。

（川端康成『雪国』）

b 　The train came out of the long tunnel into the snow country. 　（E. G. Seidensticker（訳））

たしかに、「主人公」（私）や主人公が乗っている「汽車」が文中に明示されていない日本語では、話者の視点は汽車の中にあって虫のごとく地面を這っているような印象を受ける。一方、"The train"が明示されている英語では、話者の視点は電車の外にあって神のごとくすべてを一望しているかのようである（金谷（2004: 27–33））。

また、金谷は授与動詞の分化・未分化についても次のように説明している。

よく知られているように、日本語では授与を表す動詞が「やる」と「くれる」に分化しているが、英語では"give"の一語であり、分化していない（5.1節で挙げた(18)、(20)も参照のこと）。金谷によると、日本語で授与動詞が分化しているのは、「話者の虫の視点は状況の中にある」ため、「虫が与えるのであれば「あげる」を、（中略）虫に与えられるのであれば「くれる」を選ぶことになる」からである。一方、英語で授与動詞が分化していないのは、「高みにあって不動の神の視点は、話者自身さえ他人のように見下ろしており、その距離のために、与える者と与えられる者が同じレベルにいるように見えてしまう」からである（金谷（2004: 77–78））。

5.3　日中対照研究（1）（下地早智子（2004, 2011））

日英対照のみならず、視点に関する日本語と中国語の対照研究も

幾つか存在するが、その中でも下地（2004, 2011）は特に注目に値する。

　まず、下地（2004）では「行く／来る」、受身文、時間の表現（アスペクト・テンス）といった文法項目と視点の関係について日中対照研究が展開されており、「日本語は相対的視点、中国語は固有的視点で事象を眺める傾向が強い」（p.59）という主張がなされている。その根拠は、日本語では話し手自身にとっての「私・今・ここ」から他の存在への視点の移行が起こりやすいというものである。たとえば、下地は日中両語における移動動詞「行く／来る」の選択について次のようなズレを指摘している。

(22) a　王先生が（王先生の）研究室に｛?行く／来る｝ように言ってたよ。
　　 b　王老师　叫　你　到（王老师　的）研究室｛去／*来｝。
　　　　　王先生　させる　あなた　着く　　王先生　の　　研究室

(a–bとも下地（2004:61））

　下地の説明によると、日本語で「来る」が選択されるのは伝達動詞「言う」の主語である「王先生」への視点の移行が起こっているからである。一方、中国語では視点は文全体の話し手に留まるため話し手を基準とした"去"（行く）が選択される。

　また、下地はヴォイスの選択に関する次のような例も挙げている。
(23) a　先生に呼ばれて、花子は学校へ行った。
　　 b　先生が呼んで、花子は学校へ行った。

(a–bとも下地（2004:65））

(23)aとbを比べるならば、日本語ではaの方が圧倒的に自然であるが、中国語では同じ事象がbのように表現されるとのことである。これについて、下地は、日本語では話し手自身からある特定の登場人物（動作の受け手である花子）への視点の移行が起こりやすいのに対して、中国語ではこの種の視点の移行はあまり起こらず「個々の事象は現実の時系列に沿って、現実に忠実に配置される」と考え、自らの主張の根拠の一つに数えている。

　さらに、下地（2011）ではアスペクト形式（「る／ている」、"了／着"）の選択を対象とした日中対照研究がなされており、「日本語

のアスペクト形式選択には、出来事をどこから見ているか、という視座が深く関わるが、中国語のアスペクト形式選択は出来事のどこを見ているか、という注視点が深く関わっており、同じ viewpoint aspect とはいえ、その内実はかなり異なる」(p.31、強調も下地による)ということが主張されている。

たとえば、次の例をご覧いただきたい。

(24) （話し手は子供が泣き始めた場面を目撃していない）
 a あれ？この子、どうして｛*泣く（?泣いた）／泣いている｝の？
 b 哟, 这 孩子 怎么 ｛ 哭了 ／ ??哭着 ｝ 呢？
   ヨ この 子供 どうして 泣く-完成相 泣く-継続相 語気助詞

(a–b とも下地 (2011: 23))

下地によると、日本語の完成相（Vる）は話し手が当該の出来事をその外部から見ていることを示し、継続相（Vている）は内部から見ていることを示す。したがって、完成相は話し手がその出来事を伝聞などで間接的に知覚したというような場合に適格となり、継続相は話し手がその出来事を直接的に知覚した場合に適格となる。つまり、(24)a で継続相（泣いている）が選択されるのは、話し手がこの出来事（子供が泣く）を直接的に知覚しているからである。

一方、中国語の場合、完成相（V了）は話し手がその事象の開始・終了時点を見ていることを示し、継続相（V着）は（開始・終了時点到達後の）ある状態が継続している部分を見ていることを示す。(24)b で完成相（哭了）が選択されているのは、中国語ではこの場合、「子供が泣く」の開始時点（[−泣く]→[＋泣く]という変化がたしかに生起したという事実）は注目に値する部分で、話し手としてはこの部分を特に見たく（注視したく）なるのに対して、その変化がたしかに生じたのであればその後にどのような状態が継続しているかは「言わずもがな」で特に注目に値するものでもないと見なされるからである。

以上述べてきたように、下地（2004, 2011）は複数の文法項目を対象として視点に関する日中対照研究を展開し、日本語、或いは中国語の複数の項目に共通して当てはまる特徴を見出している。

5.4　日中対照研究（2）（彭广陆（2008b））

彭广陆（2008b）も視点に関する日中対照研究で、「日本語は視点固定型言語に属する*6」（p.109）という主張を行っている。その根拠として彭广陆が挙げているのは感情形容詞文の人称制限やヴォイスの選択のされ方などである。

日本語の感情形容詞文には感情の主体が誰であるかによって人称制限がかかるが（例：私は嬉しい／*花子は嬉しい）、中国語では「王さんは嬉しい」のような感情形容詞文も成立する。つまり、日本語のほうが視点を一人称（私）に固定する傾向がはるかに強いというわけである。なお、甘露（2004）も感情形容詞文の人称制限が惹起されるのは日本語では視点を一人称に固定する傾向が強いからであると考えている（4.5節も参照のこと）。

また、日本語では一人称（私）を主語の位置に据えることを旨としてヴォイスが選択される傾向が強いのに対して、中国語では「私にV（ら）れる」式の受動文も成立する。

(25)　僕は出ろと言われた時どうしようかと思った。

(彭广陆（2008b: 112））

(26)　她　　被　　我　　看　　得　　有点儿　　不好意思　了，
　　　彼女　られる　私　　見る　様態補語　ちょっと　　はずかしい　　asp

　　　（彼女は私に見られてちょっとはずかしくなって、）

(彭广陆（2008b: 111））

この事実も、日本語は視点固定型言語（一人称に視点が固定される傾向が強い）であることを示していると言うことができる。

6.　今後の議論に向けて

以上、先行研究を概観してきた。「視点」に関する先行研究は本当に枚挙に暇がないため、そのすべてを取り上げるのは非常に困難であるが、少なくとも代表的なものには触れることができたと思う。本章で取り上げた先行研究がすべて重要なものであることは間違いないが、一方で、本章で取り上げることができなかったものが必ずしも重要度が低いわけではないということも断っておきたい。また、

『視点と言語活動』(田窪行則(編)、くろしお出版、1997年)、『「内」と「外」の言語学』(坪本篤朗・早瀬尚子・和田尚明(編)、開拓社、2009年)、雑誌『日本語学』の特集「文章の視点」(4巻12号、1985年)、「視点論の現在」(11巻9号、1992年)、雑誌『月刊言語』の特集「「いま」と「ここ」の言語学」(35巻5号、2006年)など、視点(及び、視点と密接に関係がある分野)に関する論文集も幾つか出版されており、視点研究が大いに関心を集めていることをうかがわせる[*7]。

　以下、第一章で述べたことの繰り返しになるが、本章で取り上げた数々の先行研究が証明しているように、視点はたしかに個別言語の研究や二つ(以上)の言語の対照研究に寄与してきた。このことは正当に評価されなければならない。しかし一方では、視点研究には、そもそも「視点」の定義が明確ではない、個別の文法項目について説明を与えるためだけならばわざわざ「視点」を持ち出す必要はない(ことが多い)といった問題点も存在する。なぜそのようなことになったかと言えば、これまでの研究で「視点」の本来の意味(＝モノ・コトをどのように見ているか)というものがそれほど強くは意識されてこなかったからであろう。

　このような問題点が存在することから、視点研究に対して否定的な研究者もまた多い。しかし、言語は「視点」と切り離せないというのもまた事実である。そこで本書では、言語学(日本語学)の分野においても「視点」という語をその本来の意味でのみ用いるという態度を堅持しつつ、「(て)やる／(て)くれる」文、「行く／来る」文、ヴォイスの文(他動詞文／受動文)、そして中国語のヴォイスの文といった文法項目を対象として、(ⅰ)まずはそれぞれの文法項目に視点がどのように関与しているかを改めて詳細に検討し(＝視点研究の精緻化)、(ⅱ)その成果に基づいて、視点の関与の仕方から見た複数の文法項目間のネットワークを構築していく(＝視点研究の体系化)という二つの事柄を目指したい。(ⅰ)に加えて(ⅱ)が実現したときに、「複数の文法項目について同一の(或いは、少数の)原理・原則をもって統一的に解釈することを可能にする」という「視点」の魅力が十分に発揮されるものと期待するこ

とができる。

＊1　なお、(3)a–b を挙げてこの点を最初に話題にしたのは Langacker（1990）である。
＊2　井島（1992）が視点と関連があると見ている日本語の文法項目は、指示詞、「行く／来る」、テンス、人称、再帰代名詞、人物呼称、受身文、相互動詞文（会う、ぶつかる、〜合う）、相対動詞文（勝つ／負ける）、「やる／くれる／もらう」、敬語、直接形／間接形及び「ネ」の有無（情報のなわ張り）、評価述語文などである。
＊3　「やる」、「くれる」、「もらう」のうち、「やる／くれる」では主語の位置に据えられる存在がモノを授与し、「もらう」では受納する。このことから、本書では、「やる／くれる」は授与動詞と呼び、「もらう」は受納動詞と呼ぶ。そして、「やる／くれる／もらう」はまとめて授受動詞と呼ぶことにする。
＊4　被験者は筑波大学日本語・日本文化学類の学生、名古屋 YWCA 日本語教育セミナーの受講生、福岡 YWCA 日本語教師養成講座の受講生を中心とした130名、年代別の内訳は10代11名、20代43名、30代36名、40代30名、50代4名、60代6名とのことである。
＊5　以下の（17）–（20）は筆者の作例である。
＊6　原文："日语属于视点固定型语言。"
＊7　本章で取り上げた先行研究のうち、池上（2006）、奥津（1992）、益岡（2009）はこれらの論文集に所収の研究である。

第 3 章
「やる／くれる」文、「行く／来る」文と視点

1. はじめに

本章（第 3 章）～第 6 章の四つの章では「視点研究の精緻化」に重点が置かれることになる。

その一つ目として、本章では授与動詞「やる／くれる」文と移動動詞「行く／来る」文に視点がどのように関与するかについて従来の研究より詳細に考察していきたい。なお、これら二つの文法項目を同じ章で扱うのは、「やる／くれる」はモノの遠心的／求心的授与を表し、「行く／来る」は移動行為者の遠心的／求心的移動を表すという意味で、両者はパラレル（並行的）の関係にあると言えるからである（大江三郎（1975: 32, 37）、城田俊（1996））。

1.1 問題の所在（1） 授与・移動に関与する視点の意味について

授与動詞「やる／くれる」の選択や移動動詞「行く／来る」の選択は、視点という概念を用いて説明される文法項目のうち代表的なものの一つであると言ってまず間違いないだろう。「やる」ではモノの与え手の側に、「くれる」ではモノの受け手の側に視点があるということ、そして、「行く」では移動行為者の側に、「来る」では移動先の側に視点があるということは日本語学の分野ではもはや共通の認識である（久野暲（1978: 141–142, 253–254）、大江（1975: 32–33, 45）など）。たとえば次の例をご覧いただきたい。

(1) a 太郎が次郎にプレゼントをやった。
　　b 太郎が次郎にプレゼントをくれた。
(2) a 太郎が次郎のところに行った。
　　b 太郎が次郎のところに来た。

(1)a の「やる」はプレゼントの与え手である「太郎」に、b の

「くれる」は受け手である「次郎」に視点があることを示す。また、(2)aの「行く」は移動行為者の「太郎」に、bの「来る」は移動先の「次郎」に視点があることを示す。

　このように考えることで、たとえば次のような文における「やる／くれる」、「行く／来る」の選択について適切な説明を与えることができる。

(3)　a　私が田中にプレゼントを {やった／*くれた}。
　　 b　田中が私にプレゼントを {*やった／くれた}。
(4)　a　私が田中のところに {行った／*来た}。
　　 b　田中が私のところに {*行った／来た}。

(3)aでは「私」がプレゼントの与え手であるから、与え手に視点があることを示す「やる」が選択されることになる。ここで「くれる」を選択するならば、「私」を差し置いてプレゼントの受け手である「太郎」に視点を置くことになってしまう。また、bで「くれる」が選択されるのも、この文では「私」がプレゼントの受け手だからである。

　(4)a–bも同様である。つまり、(4)aで「行く」が選択されるのは「私」が移動行為者だからであり、bで「来る」が選択されるのは「私」が移動先だからである。

　また、次のような例も「視点」を用いて説明がなされることがある。

(5)　(遠くの木を指差して、あとで会うつもりで)
　　　あとであそこに {*行って／来て} ね。　　(下地 (2004: 61))
(6)　(「古賀君、ちょっと来て!」と言われたのに対して)
　　　I'm {*going／coming}!

このように移動先が話し手の現在位置ではないにもかかわらず「来る」(come) が選択される例について、従来の研究ではよく視点の移行が起こっているという説明がなされてきた。つまり、(5)、(6)では「話し手の現在位置」から「未来における話し手位置 (遠くの木)、聞き手の現在位置」への視点の移行が起こっているというわけである。そして、この考え方を一つの前提として、たとえば、張芃蕾 (2009) は視点の移行が起こるのはどのような場合で

あるかについての記述を行っているし、下地早智子（2004）は視点の移行が比較的起こりやすいという理由から日本語は「相対的視点」で事象を眺める傾向が強いという主張を行っている*1。

このように、「やる／くれる」や「行く／来る」は視点との関係で説明がなされることが多いと言うことができる。しかし、モノの与え手／受け手、移動行為者／移動先の側に視点がある（或いは、視点が移行している）と言うとき、その「視点」とは具体的に何を意味するのだろうか。普通に考えるならば当該の授与・移動が話し手にとって求心的なものであるか遠心的なものであるかを決定する「基準点」を意味するということになりそうだが、それならば「基準点→視点」の言い換えに過ぎないということになり、したがって「やる／くれる」、「行く／来る」の説明に視点を持ち出す必要はないということになりかねない。

そこで本章では、モノの与え手／受け手、移動行為者／移動先の側に視点があると言うときの「視点」の意味を改めて問い直したいと思う。より具体的には、視点という語を「モノ・コトをどのように見ているか」という意味でのみ用いるという本書の方針にしたがって、「やる／くれる」文や「行く／来る」文には「見る」という行為を構成する〈視点人物・注視点・視座・視野・見え〉の五つのうち主にどの要素がどのように関与するのかを明らかにしたいと思う。

1.2　問題の所在（2）
　　「やる／くれる」文、「行く／来る」文における視点の決定
　　のされ方について

言うまでもなく、「やる」ではモノの与え手に、「くれる」ではモノの受け手に視点があるなどと規定しただけでは「やる／くれる」文に対する視点の関与の仕方を十分に明らかにしたと言うことはできない。たとえば、先に挙げた（1）a–bをもう一度ご覧いただきたい。

(7)　a　<u>太郎が</u>次郎にプレゼントをやった。(＝(1)a)
　　　b　太郎が<u>次郎に</u>プレゼントをくれた。(＝(1)b)

(7)a–bの「やる／くれる」文について、aでは与え手である「太郎」に、bでは受け手である「次郎」に視点があると規定しただけでは不十分である。より重要なのは、どのような場合に与え手（太郎）に、またどのような場合に受け手（次郎）に視点が置かれるのかということ、つまり、視点の決定のされ方である。同じことは「行く／来る」文にも当てはまる。

　もちろん、「やる／くれる」文や「行く／来る」文について視点との関係で論じた先行研究は数多く存在する。大江（1975）、久野（1978）以後、奥津敬一郎（1979, 1983b, 1984, 1986）、井島正博（1997）、沼田善子（1999）（以上、「やる／くれる」に関するもの）、渡辺茂彦（1979）、下地（1997）、彭广陆（2008a）、彭广陆（2009）、張芃蕾（2009, 2011）（以上、「行く／来る」に関するもの）、続三義（1989）、森山新（2006）（以上、両方について扱っているもの）などが様々な角度から独自の議論を展開している。しかしそれでも、たとえば次に挙げるような幾つかの問題点については、大江（1975）、久野（1978）やその後の研究をもってしても未だ明らかにされているとは言い難い。

【問題点（ⅰ）：「話し手に属する人（存在）」の範囲について】
　よく知られているように、「話し手に属する（と話し手が考える）人（存在）」は限りなく話し手自身に近い扱いを受ける（つまり、視点が置かれやすい）。
　　(8)　a　太郎が私にプレゼントを {*やった／くれた}。
　　　　b　太郎がうちの弟にプレゼントを {*やった／くれた}。
　　(9)　a　太郎が今からここ（私のところ）に {*行く／来る}。
　　　　b　太郎が明日私の家に {*行く／来る}。
したがって、「話し手に属する人（存在）」には具体的にどのような存在が含まれるのかということが視点研究にとっても非常に重要になってくるが、これについて包括的に述べている研究は今のところ見当たらない。

　まず、「やる／くれる」文においては話し手の家族・親族（例：私の弟）などが話し手に属する人（存在）に含まれると思われるが、

奥津（1979: 5）が「家族・親族だからと言って、常に身内になるとは限らない」と指摘しているように、話し手に属する人（存在）の範囲を明確に規定することは難しい。

　また、「行く／来る」文においては話し手の恒常的な位置や過去・未来における話し手位置など場面・状況によって様々な存在が話し手に属する人（存在）に含まれるように思われる。したがって、どのような存在がどのような条件を満たした場合に話し手に属する人（存在）に含まれるのかがより明確にされる必要があるのだが、これも容易なことではない。

　そこで本章では、「話し手に属する人（存在）」を一人称に準ずるという意味で「準一人称」と呼ぶことにし、「やる／くれる」文や「行く／来る」文において具体的にどのような存在が「準一人称」に含まれるのかを明確にしていきたいと思う。

【問題点（ⅱ）：二人称の位置付けについて】
　すでに明らかにされている視点に関する数々の原則の中でも、一人称には視点が置かれやすい（一人称＞二・三人称；久野（1978: 146）など）という原則は最も重要度が高いものの一つである。実際、先に挙げた（3)a–bの「やる／くれる」、（4)a–bの「行く／来る」の選択はこの原則による。

　しかし、この原則は一人称と二・三人称の間に人称による視点の序列が存在することを規定しているものの、二人称と三人称の間に人称による視点の序列（二人称＞三人称）が存在するか否かについては何も規定していない。つまり、視点研究における二人称の位置付けが明確になっていないということである[*2]。そのため、二人称と三人称が参与する授与（聞き手が第三者に、第三者が聞き手にモノを授与する）・移動（聞き手が第三者のところに、第三者が聞き手のところに移動する）の場合、「やる／くれる」、「行く／来る」はどのように選択されることになるのか、今のところ適切に説明を与えることができない。

　そこで本章では、「やる／くれる」文や「行く／来る」文において「二人称＞三人称」という視点の序列は存在するのかという点を

明らかにすることを試みたい。

【問題点（ⅲ）：三人称同士の授与・移動における視点の決定のされ方について】

　三人称同士の授与（太郎が次郎にモノを授与する）・移動（太郎が次郎のところに移動する）の場合、視点が人称の上位・下位によって決定されることはない。したがって、人称以外のどのような要素によって視点が決定されるのかが明らかにされる必要がある。そして、三人称同士の授与・移動の場合、言語を「文」単位で観察するだけではモノの与え手／受け手、移動行為者／移動先のどちらに視点を置くことも可能であるということになってしまい、視点の決定のされ方についてこれ以上深い理解が得られることはない。

（10）　太郎が次郎にプレゼントを {やった／くれた}。
（11）　太郎が次郎のところに {行った／来た}。

　そこで本章では、「文」よりもさらに大きい単位、つまり当該の「やる／くれる」文や「行く／来る」文を含む「文脈」にも目を向けることで、三人称同士の授与・移動の場合の視点の決定のされ方について明らかにしていきたいと思う。

1.3　本章の構成

　1.1 節と 1.2 節で述べた問題意識に基づいて、本章の考察は次のように構成される。

　まず、第 2 節では、モノの与え手／受け手、移動行為者／移動先に視点があると言うときの「視点」の意味について改めて問い直す。

　その上で、第 3 節〜第 5 節では、1.2 節で提示した三つの問題点について順を追って考察していく。

　最初に、第 3 節では「やる／くれる」文と「行く／来る」文のそれぞれにおける「準一人称」の範囲の問題について取り組む。次に、第 4 節では三人称同士の授与・移動の場合の視点の決定のされ方について「文脈」を考慮に入れつつ考察する。最後に、第 5 節では二人称の位置付けの問題について二人称と三人称が参与する授与・移動における「やる／くれる」、「行く／来る」の選択のされ方に基づ

いて考察する。

　なお、一人称関係の問題（ⅰ）に続いて、三人称関係の問題（ⅲ）を二人称関係の問題（ⅱ）よりも先に扱うのは、言語研究全般において二人称の扱いは非常に難しいものであり、一人称・三人称関係の問題を綿密に検討する前にこれに取り組むのは危険を伴うとの判断による。

2.「視点」の意味
「やる／くれる」文、「行く／来る」文の場合

　第2節では、モノの与え手／受け手、移動行為者／移動先に視点があると言うときの「視点」の意味について改めて検討する。

　まず、「行く／来る」文に関与する視点の意味ついて。

　「行く」と「来る」の違いを一言で説明するならば、「来る」は話し手に近づく移動（求心的移動）を表し、「行く」は話し手から遠ざかる移動（遠心的移動）を表すということになるだろう（図1）。

(12) a　野村君がここに来る。
　　 b　私が野村君のところに行く。

図1　求心的移動と遠心的移動（1）

　では、次のように話し手自身が（移動行為者・移動先として）参与しない移動についてはどのように考えることができるだろうか。

(13)　藤浪君が大谷君のところに{行く／来る}。

　この例は「藤浪→大谷」の移動（藤浪の大谷の位置への移動）であるが、「来る」は大谷から見た求心的移動を、「行く」は藤浪から見た遠心的移動を表している（つまり、話し手自身から見た求心的／遠心的移動ではない）。しかし、このような例についても、話し手は実は心理的に大谷・藤浪と同じ場所に位置しており、そこから見た求心的／遠心的移動を表していると考えることができる。つま

り、話し手が参与しない移動であっても、当該の移動が求心的であるか遠心的であるかはあくまで話し手（の心理的な位置）を基準に決定されるのである（図2）。

図2　求心的移動と遠心的移動（2）

このことを、大江（1975）は「話し手が出発点／到達点に位置し、そこからその動きを眺め、描く」と表現しており、久野（1978）は「動きの主体／到着点寄りの視点」（行く：E（動きの主体、出発点側の人）＞E（到着点側の人）、来る：E（到着点側の人）＞E（動きの主体、出発点側の人））と表現している。つまり、「行く」と「来る」の違いは、「来る」は話し手が心理的に位置する場所に近づく移動（求心的移動）を表し、「行く」は話し手が心理的に位置する場所から遠ざかる移動（遠心的移動）を表すということになる。

このように考えるならば、「行く／来る」文に関与する視点の意味も自ずと明確になってくる。すなわち、「行く／来る」文では移動行為者／移動先に視点があると言うときの「視点」とは、実は「当該の事象（移動）を見ている話し手の位置」を意味するということになる（図3）。

図3　「視点」の意味：「行く／来る」文の場合

つまり、「行く／来る」文には〈視座：話し手が当該の事象を誰（移動行為者／移動先）の立場カラ見ているか〉という意味で視点が関与するのである。

来る：話し手が当該の事象を移動先（に位置する人）の立場カラ
　　　見ていることを示す

行く：話し手が当該の事象を移動行為者の立場カラ見ていること
　　　を示す

　そして、このことは「やる／くれる」文にもほぼ同じように当てはまる。なぜなら、「行く」と「来る」がそれぞれ話し手（の心理的な位置）から見た遠心的／求心的移動を表すのと同様に、「やる」と「くれる」もそれぞれ話し手（の心理的な位置）から見た遠心的／求心的授与を表すという意味で、「行く／来る」文と「やる／くれる」文はパラレルの関係だからである。

(14) a 　私が太郎にプレゼントをやった。
　　　b 　私が太郎のところに行った。
(15) a 　太郎が私にプレゼントをくれた。
　　　b 　太郎が私のところに来た。

　したがって、「やる／くれる」文ではモノの与え手／受け手に視点があると言うときの「視点」とは、（「行く／来る」文の場合と同様に）実は「当該の事象（授与）を見ている話し手の位置」を意味すると言うことができる（図4）。

図4　「視点」の意味：「やる／くれる」文の場合

　つまり、「やる／くれる」文には〈視座：話し手が当該の事象を誰（モノの与え手／受け手）の立場カラ見ているか〉という意味で視点が関与するのである。

くれる：話し手が当該の事象をモノの受け手の立場カラ見ていることを示す

や　る：話し手が当該の事象をモノの与え手の立場カラ見ていることを示す

　このように考えることで、「私が田中にプレゼントを{やった／*くれた}。」（=(3)a）、「田中が私にプレゼントを{*やった／くれた}。」（=(3)b）、「私が田中のところに{行った／*来た}。」（=(4)a）、「田中が私のところに{*行った／来た}。」（=(4)b）における「やる／くれる」、「行く／来る」の選択のされ方がごく自然に

説明できるようになる。すなわち、これらの例における「やる／くれる」、「行く／来る」はすべて当該の事象（授与・移動）をできるだけ話し手（私）自身の立場から見ることを旨として選択されているのである。誰にとっても、モノ・コトを自分自身の立場から見るのは容易であるが、自分自身を差し置いて他の存在の立場から見るのは困難である（反対に、これらの例における「やる／くれる」、「行く／来る」の選択のされ方が、「やる／くれる」文、「行く／来る」文には〈視座〉が関与すると考える根拠の一つになるとも言える）。

3．「準一人称」の範囲

　第2節では、モノの与え手／受け手、移動行為者／移動先に視点があると言うときの「視点」の意味について問い直した。

　これを承けて、ここから先の三つの節（第3節〜第5節）では、1.2節で提示した三つの問題点（「準一人称」の範囲、三人称同士の授与・移動、二人称の位置付け）について順番に考察していく。そのことによって、話し手はどのような場合にモノの与え手／受け手、移動行為者／移動先の立場から当該の事象（授与・移動）を見るのか（＝視点の決定のされ方）がより明らかになることだろう。

　まず、第3節では「やる／くれる」文や「行く／来る」文における「準一人称」の範囲の問題について考察する。

　よく知られているように、「太郎が<u>うちの弟</u>にプレゼントを{*やった／くれた}。」（＝(8)b）における「うちの弟」や、「太郎が明日<u>私の家</u>に{*行く／来る}。」（＝(9)b）における「私の家」は一人称に限りなく近い扱いを受ける存在（＝準一人称）であるため、話し手は当該の授与・移動を（「太郎」ではなく）うちの弟・私の家の立場から見ることを要求される。これらの例において「くれる」、「来る」が選択されるのはそのためである。つまり、「準一人称」の範囲は話し手の視点の決定に大いに影響する。この場で「準一人称」の範囲の問題について考察する必要があるのはそのためである。大江（1975: 32-33）が「話し手と密接に関係する（と

話し手が考える）人」（＝準一人称）は「●（話し手）に含まれ○（話し手以外の人）から除外される」と述べているように、ここでの考察で「準一人称」に含められた存在は、形式的には三人称であっても、今後は三人称から注意深く除外されなければならない。

3.1 「行く／来る」文の場合

まず、「行く／来る」文における「準一人称」の範囲について、「到着点としての準一人称」と「出発点としての準一人称」に分けて、先行研究より包括的に考察していきたい。

3.1.1 移動の到着点としての「準一人称」

山口治彦（2011: 207）は、「「来る」は到着点が話し手の領域にある移動を表す」と規定した上で、話し手の領域とは「話し手が自分のスペースと捉える伸び縮み可能な空間」（下線は筆者による）であると述べている。ここで、「伸び縮み」とはもちろん話し手の現在位置を起点とした伸び縮みであり、伸び縮みして形成された話し手領域のうち話し手の現在位置を除いた部分がすなわち「準一人称」領域ということになる。では、「準一人称」領域はどの程度「伸び縮み」するのだろうか。

その手掛かりとして、次の例をご覧いただきたい。

(16)　太郎が明日私の家に {*行く／来る}。(＝(9)b)
(17)　（遠くの木を指差して、あとで会うつもりで）
　　　あとであそこに {*行って／来て} ね。(＝(5))
(18)　（遠くの建物を指差して。話し手は昨日その建物にいた）
　　　昨日あそこに山田が {*行った／来た} よ。

（下地（2004: 60））

上述諸例において「来る」が選択されるのは、「私の家」((16))、「あそこ」((17)–(18))がいずれも「話し手の恒常的な位置」、「過去・未来における話し手位置」であるという意味で「準一人称」に含まれるため、話し手が当該の移動を「私の家」、「あそこ」から見ることを要求されるからであると考えられる。このことから、到着点としての「準一人称」には話し手の恒常的な位置や過去・未来に

おける話し手位置が含まれることが想定される。

【話し手の恒常的な位置】

　話し手の恒常的な位置は「準一人称」領域に含まれる可能性が高い。実際、これを「準一人称」として扱わないならば「??太郎が明日私の家に行きます。」のように非常に不自然な文が出来上がる。しかし、話し手の恒常的な位置とは具体的にどのような場所を指すのだろうか。そして、その場所が「準一人称」に含まれるためにはどのような条件を満たす必要があるだろうか。

　まず、張芃蕾（2009: 18）によると、話し手の恒常的位置とは「一定の期間内に話し手が常にいると認識される場所」と定義される。そして、まずこれに含まれるのは、話し手が現在住んでいる場所、すなわち、話し手の家・部屋など建物や話し手が住んでいる地域などである。

（19）「結局、要さんとはどういう関係なの」俺が訊くと、兄貴は机の上にあった腕時計をしつつ、「一緒に仕事してるだけだよ。恋愛関係は昔も今も一切ない」「…イヤ、そういう事じゃなくて、仕事先でどういう関係なんだって訊いテンの。よく取材とか行くし、家にも来る{／*行く}からさ」
　　　　　　　　　　　　　　　　　　　（朝丘戻。『わすれな人。』）

（20）そうして増えたたくさんの手ぬぐいが、お客様が来た{／*行った}ときに大活躍。
　　　　　　　　　　　　　　　　　（『レタスクラブ』2005年7月25日号）

（21）いい人間でも、金のために、変身することがありますからね。とにかく、あなたが京都に来て{／*行って}から知り合った人を、あげてみてください。
　　　　　　　　　　　　　　　　　　　（西村京太郎『京都感情案内』）

（22）（話し手は神戸に住んでいるが、現在は旅行中で神戸には居ない）
　　　鈴木さんが神戸に{*行った／来た}のはいつだったかな。

次に、話し手の職場や通っている学校など、話し手の現在の所属先も、話し手の恒常的な位置の一つとして認めることができる。

(23) この一番目を掛けられる生徒たちの大部分は、当然、姫路西からの落ち武者たちであって、そうなると、はじめから播磨を目指して入学して来た {／*行った} 生徒たちの間には、自分たちは見捨てられた者という空気が広がり、一つの学校内に溝が出来て、殺伐とするのである。

(車谷長吉『武蔵丸』)

(24) 少ない予算の中で苦心して集めているのに、中学生は一向に読みません。そこで図書館によく来る {／*行く} 生徒をつかまえて、「なんで読まないんだ、君たちのために買ったんだぞ」と言ったら、一言でやられました。「あの本？あぁ、あれは優等生の読む本」

(竹内サトル『共生する子どもと図書館』)

(25) 私が何故「県民の方を向いた医療」をしつこく言うのかと言えば、日本の医者は自分を送り出してきた大学医局の評価だけを気にして、あるいは、その病院で「自分が腕を磨くこと」だけを目的にして関連病院に働きに来る {／*行く} のが、ごまんといることを知っているからである。

(武弘道『こうしたら病院はよくなった！』)

(26) 外科医として食道がんを専門にやっていた関係で、今でも私のまわりには食道がんの患者さんが常に何人かいます。無事手術を終えて退院してから、再発予防のために私の病院を訪ねてくる {／*いく} 人。逆に手術後、運悪く再発して今後の相談に来る {／*行く} 人。そういう人に時々私は聞いてみます。

(帯津良一『あるがままに生き死を見つめる7つの教え』)

このように、話し手の恒常的な位置（住んでいる場所や所属先）は基本的には常に「準一人称」に含まれると言うことができる。しかし、ある条件の下では恒常的な位置が「準一人称」から外れる可能性がある。以下、その条件を二つほど指摘する。

一つ目として、未来の移動で話し手が移動行為者を迎え入れるということをしない場合、恒常的な位置でもその場所は「準一人称」から外れることがある。

(27) いつかぜひ私の家に遊びに｛行って／来て｝ください。<u>その時私はもう引っ越しているかもしれませんが</u>、弟がまだ残っていてお構いできるかと思います。

(28) (電話で。話し手は今「私の会社」に居ない)
大変です！ちょっと契約上のトラブルが発生したようです。本当に申し訳ありませんが、今すぐに私の会社に｛行って／?来て｝もらえませんか。<u>私はあいにく今所用で遠方にいるのですが</u>、私の同じ課の者が代わりに対応いたしますので。

上述二例が表す移動の移動先は「私の家」や「私の会社」であるから、基本的には「準一人称」に含まれるはずである。しかし、話し手が移動行為者を迎え入れるということをしない場合、話し手の恒常的な位置であっても「準一人称」から外れる可能性がある。ただし、そのような場合であっても、「私の家」が「準一人称」に含まれる可能性が完全に排除されるわけではない（行く／(?)来る）ということはあわせて指摘しておきたい。

二つ目として、話し手が移動行為者と「恒常的な位置」を共有している場合、その場所は「準一人称」から外れる可能性が出てくる。これについては、同じ恒常的な位置でも住んでいる場所と所属先とでは様子が異なるので、一つずつ順番に見ていくことにする。

まず、話し手が「住んでいる場所」を移動行為者と共有している場合、つまり、話し手と移動行為者が同じ場所に住んでいるという場合の例を挙げる。

(29) (コナン君は話し手と同じ家に住んでいる子供)
 a コナン君、いつ家に｛*行く／*来る｝のかな。
 b コナン君、いつ家に｛*帰って行く／帰って来る／帰る｝のかな。

話し手と移動行為者（コナン君）が住んでいる場所を共有している場合、発話時には両者とも「家」に居なくても、少なくとも心理的には両者とも「家」に位置することになる。そのため、「家」への移動を表すのに「行く／来る」ともに不適格となる（(29)a）。これは、「ここからここへ｛*行く／*来る｝。」が成立しないのと同

じことである。それで、移動行為者による「家」への移動を表すには、「帰る」、「戻る」などの「回帰」を表す別の動詞を用いることになる。これらの動詞は話し手領域の外から内への移動を表すから、この場合、移動行為者は心理的にも話し手領域の外に位置することになる。そして、「回帰」を表す動詞「帰る」などに「行く／来る」を下接した場合、「帰って来る」のみ適格で「帰って行く」は不適格となる（(29)b）。

　さきほど、話し手が自らの恒常的な位置を移動行為者と共有している場合、その恒常的な位置は「準一人称」から外れる可能性が出てくると述べた。しかし、「住んでいる場所」については、話し手がこれを移動行為者と共有していても「準一人称」に含まれる。「*［移動行為者］はいつ家に来るのかな。」が不適格であるのは、「家」が「準一人称」から外れたからではなく、移動そのものが成立しないからである（「行く」も不適格であるという事実がそのことを示している）。

　次に、話し手が「所属先」を移動行為者と共有している（話し手と移動行為者が同じところに所属している）場合について見ていく。
(30)　（話し手・聞き手・田中は全員「学校」の学生）
　　a　今年の学園祭には木村拓哉が（私たちの学校に）{*行く／来る} らしいよ！
　　b　（あなたは）明日学校に {行きます／*来ます} か。
　　c　田中は明日学校に {行く／*来る} かな。

移動先（学校）が話し手にとっては所属先で移動行為者（木村拓哉）にとってはそうではないという場合、その移動先は「準一人称」に含まれる（(30)a）。しかし、移動先が話し手にとっても移動行為者（聞き手・田中）にとっても恒常的な位置である場合、その移動先は「準一人称」から外れることになる（(30)b-c）。これは、移動先が話し手にとってのみ所属先である場合、話し手と移動行為者の間に境界線が引かれ、自らの領域に移動行為者を迎え入れる者としての話し手の役割が鮮明になるのに対して、移動先が話し手と移動行為者の両者にとっての所属先である場合、話し手と移動行為者の間に線引きは存在せず、「学校」は話し手と移動行為者の

いずれの領域でもないと見なされるということであろう。

　以上、「所属先」に関しては、話し手がこれを移動行為者と共有している場合には「準一人称」から外れるということが明らかになった。

　そして、話し手と移動行為者がその領域を共有しているという場合に、依然として「準一人称」に含まれる「住んでいる場所」と、もはや「準一人称」から外れる「所属先」との違いは、「住んでいる場所」の方が話し手の存在場所としてより恒常的であり、したがってホームベースとしてより安定的であるということを示している。この違いは、「私の家」への移動には「自らの安定的な領域」への回帰を意味する「帰る」を用いる傾向が強く、「私の会社」への移動には「自らが一時的に存在していた領域」への回帰を意味する「戻る」を用いる傾向が強いという点にも表れる。

(31) a　そろそろ家に {帰ります／?戻ります}。
　　 b　そろそろ会社に {?帰ります／戻ります}。

【過去・未来における話し手位置】

　過去・未来における話し手位置も「準一人称」領域に含まれる可能性が非常に高い。「明日三宮駅の中央口で待ってますから、2時頃に中央口に {*行って／来て} ください。」のような例はまさにそのことを示している。そこで、次に過去・未来における話し手位置が「準一人称」に含まれる条件について考察する。

　まず、過去における話し手位置への移動の例を挙げる。

(32)　教授が不当監禁されたという現場にいなかったことが、証明されたのだろうか。留置場には男はいなかった。どこかに移送されてしまっていた。警察官が来て {／*行って}「釈放だ」と言ってくれたときは、どれだけ嬉しかったことか。　　　　　　　　（『小説現代』2005年12月号）

(33)　私たちはいつも空腹で、それを満たすことができなかった。そして食欲は他のことに向けられた。支給された食べ物で十分に胃袋を満足させられない捕虜たちは、タバコを欲しがった。食べ物とタバコとの交換が行われるよ

うになった。収容所に来る｛／*行く｝北朝鮮人との物々交換も活発だった。　　　　　　　　（カツキ・タニガワ『帰還』）

次に、未来における話し手位置への移動の例である。

(34)　（遠くの木を指差して、あとで会うつもりで。）
　　　あとであそこに｛*行って／来て｝ね。（＝(1)）
(35)　警備員さんはあたしの顔をしってるから、このまま二人で並んで入っていくと怪しまれちゃう。まずあたしが先に行くんで、穣治君は五分ぐらい遅れて入ってきて｛／*いって｝。　　　　　（『週刊新潮』2005年2月24日号）

　上述諸例が示しているように、過去・未来における話し手位置はほとんどの場合において「準一人称」に含まれると言うことができる。ただし、これが「準一人称」に含まれる条件をより具体的にしていくためには多少の補足が必要でもある。なぜなら、「来る」の使用条件は「発話時、或いは（移動行為者の）移動時に話し手が移動先に居る（居た）こと」と規定されることが多いが、移動行為者の到着時に話し手が移動先に居なくても当該の移動先が「準一人称」に含まれる例が存在するからである。

(36)　米国に着くと、妹のパットと夫のリーが空港まで迎えに来て｛／*行って｝くれていた。私たちはさっそくウェルドンという町の中心部にあるパットの家に向かった。
　　　　　　　　（チャールズ・R・ジェンキンス『告白』）
(37)　あなたの女友達のことを話してるのよ。いつ会わせてくれるの？次の寄港地にも来る｛／*行く｝んでしょ？
　　　　　　　　（ルーシー・ゴートン『モンテカルロの宝石』）

　(36)で話し手が「空港」に着いたのは明らかに「妹のパットと夫のリー」より後である。つまり、移動行為者の到着時には話し手は移動先に居なかったことになる。(37)も「女友達」の到着時に話し手が移動先（次の寄港地）に居るという保証はない。このような例も考慮に入れると、過去における話し手位置が「準一人称」に含まれる条件は話し手と移動行為者が同じ時間にその領域に居たという事実があることであり（移動時にそのことを話し手が認識している必要はない）、未来における話し手位置が「準一人称」に含ま

れる条件は話し手がその領域において移動行為者を迎え入れる心づもりでいることであると言える。移動行為者の到着時に話し手が到着点に居る（居た）か否か、すなわち、話し手の方が移動行為者よりも先に到着する（した）か否かはさほど重要な条件にはならないのである。

3.1.2　移動の出発点としての「準一人称」

次に、出発点としての「準一人称」にはどのような存在が含まれるのだろうか。その一つ目として、話し手の現在位置を出発点として移動する話し手以外の存在を挙げることができる。次の例をご覧いただきたい。

(38)　私の母がそちらに {行ったら／来たら}*3、うちに電話するように言ってくれませんか。　　　　（張苨蕾（2011: 115））

前後の文脈なしにこの例だけを与えられたとしたら、「行く／来る」のいずれも適格となるだろう。しかし、たとえば、今まで話し手と「母」が同じ場所に一緒に居てそこから「母」だけが移動する（した）というような場合には、「来る」が不適格になるということに注目したい。

(39)　私の母、今はここに居ますが、すぐにそっちに {行きます／??来ます} から、もうしばらくお待ちください。

これは、「私の母」が話し手の現在位置を出発して移動する存在であるということが文中に明示されているからである。「私の母」が話し手の家族・親族（など）であり、話し手にとって心理的に近いからという理由ではない。

また、話し手の現在位置から出発する存在ではなくても、話し手の意向によって当該の移動を行う存在も「準一人称」に含まれる。

(40)　うちの子、一時間ほど前にそちらに伺わせたのですが、ちゃんとそちらに {行った／??来た} でしょうか。

以上の観察から、出発点としての「準一人称」に含まれるのは、「話し手の現在位置を出発する（話し手以外の）存在」、及び「話し手の意向で当該の移動を行う存在」であると言うことができる。

3.2 「やる／くれる」文の場合

次に、「やる／くれる」文における「準一人称」の範囲について考察する。

先述の通り、「行く／来る」文では話し手の家族・親族が「準一人称」として認められるわけではない。これとは異なり、「やる／くれる」文で最も典型的な「準一人称」は話し手の家族・親族である。そこで、まずは、「やる／くれる」文における「準一人称」は話し手が「私の〜」、「うちの〜」と呼ぶことができる存在であると考えることにしよう。ただし、話し手がある存在を「私の〜」、「うちの〜」と呼べるか否かについては、「私の〜」として遇することが義務的である存在から、そのように遇することは不可能である存在まで段階性があるということに注意を払わなければならない。

(41) a 君が私の娘（／私の友達）のミキちゃんにお菓子を {*やった／くれた} んだって？

b 君が山田さん家(ち)のミキちゃんにお菓子を {やった／?くれた} んだって？

c 君が伊藤総理の家(うち)のミキちゃんにお菓子を {やった／??くれた} んだって？

d 君がミキちゃんという子にお菓子を {やった／*くれた} んだって？

(41)a–d はすべて「君→ミキちゃん」のモノの授与を表しているが、a のように「ミキちゃん」が話し手の家族・親族（または友達など）である場合、形式的には三人称であっても明らかに話し手に属すると言えるので、もはや「準一人称」として遇することが義務的である。これに比べると、b–c の「ミキちゃん」は「準一人称」であるとは考えにくい。とはいえ、b は「私の友達の山田さん家のミキちゃん」である可能性などを想定できないこともないが、c になると「私の友達の伊藤総理の家(うち)のミキちゃん」である可能性を想定するのは難しい。そして d の場合、「という」と言っていることから「ミキちゃん」が話し手に属するとは到底考えられないので、これを「準一人称」として遇することはほとんど不可能である。

このように、「私の〜」、「うちの〜」と呼べるか否かには段階性

があるという但し書きを付けた上で、ここでは、話し手が「私の〜」、「うちの〜」と呼べる存在を「準一人称」として認めることにする。

3.3　第3節のまとめ

第3節では「準一人称」の範囲の問題について考察した。

「行く／来る」文においては、「到着点としての準一人称」と「出発点としての準一人称」を分けて考える必要がある。到着点としての「準一人称」には「話し手の恒常的な位置」や「過去・未来における話し手位置」が含まれ、出発点としての「準一人称」には「話し手の現在位置を出発して移動する（話し手以外の）存在」や「話し手の意向で当該の移動を行う存在」が含まれる。

「やる／くれる」文においては、話し手が「私の〜」、「うちの〜」と呼ぶことができる存在が「準一人称」に含まれる。ただし、話し手がある存在を「私の〜」、「うちの〜」と呼べるか否かについては、「私の〜」として遇することが義務的である存在から、そのように遇することは不可能である存在まで段階性が存在するので、「準一人称」の範囲を明確に規定することは容易ではない。

ここでの考察で「準一人称」に含められた存在は、三人称からは除外されて、一人称に限りなく近い扱いを受けるものである。したがって、話し手は当該の事象（授与・移動）をこれらの存在の立場から見ることを要求されることになる。

4. 三人称同士の授与・移動

三人称同士の授与・移動の場合、視点が人称の上位・下位によって決定されることはない。そのため、前後の文脈を考慮に入れなければ、「太郎が次郎にプレゼントを {やった／くれた}。」（＝(10)）、「太郎が次郎のところに {行った／来た}。」（＝(11)）のように、当該の事象（授与・移動）をモノの与え手／受け手、移動行為者／移動先のどちらの立場から見ることも可能ということになる。では、このような場合、話し手の視点はどのように決定されるのだろうか。

この点について大きな手掛かりを与えてくれるのが、「談話主題」（談話にすでに登場している人物）の立場から見る方が、「新登場人物」（談話に新しく登場する人物）の立場から見るよりも容易である（談話主題の視点ハイアラーキー；久野（1978: 148-149））という原則である。つまり、三人称同士の授与・移動の場合、当該の事象の参与者（モノの与え手／受け手、移動行為者／移動先）のうちどちらが「談話主題」であるかによって話し手の視点が決定されるということである。したがって、ここでは「談話主題」とは何かということが重要になってくる。そこで、三人称同士の移動における話し手の視点の決定のされ方について考察するための準備として、まず、談話主題とは何かについて本書なりの考えを簡単に述べておくことにする。

　まず、一文のみならば、「談話主題＝文主題」ということになる。つまり、次の (42)a の談話主題は「太郎」、b は無題文ということになる。

(42) a　太郎は花子に電話をかけた。
    b　太郎が花子に電話をかけた。（無題文）

よって、ある事象に参与する存在（いずれも三人称）のうち、一方が［＋特定］の名詞（句）でもう一方が［－特定］の名詞（句）であるという場合、［＋特定］の方が談話主題になる。［＋特定］の名詞（句）は助詞「は」（など）を伴って主題になることが可能であるのに対して（太郎は〜）、［－特定］の方はそれができないからである（*ある人は〜）。

(43)　太郎はある人に声をかけた。
(44) a　ある人が（／*は）太郎に声をかけた。（無題文）
    b　太郎はある人に声をかけられた。

同様に、［＋有情］の名詞（句）と［－有情］の名詞（句）では、［＋有情］の方が談話主題ということになる。

(45) a　風が（／??は）太郎に向かって吹いている。（無題文）
    b　太郎は風に吹かれている。

ただし、［－特定］、［－有情］であっても、助詞「が」（など）によってすでに導入された名詞（句）であれば、その後の文脈では主

題になることができる。よって、次の（46）–（47）それぞれの第二文の「談話主題」（文主題でもある）は、それぞれ「そのある人」、「その風」である。

(46)　そこにある人が立っていた。そのある人は、次の瞬間、太郎に声をかけた。

(47)　その日は強い風が吹いていた。その風は、突然、太郎に向かって吹き荒れた。

そして、重要な点として、談話主題は、次に「は」などの主題を表す助詞が現れるまで継続することになる。

(48) a　太郎は何となく緊張している。花子がそこに居るからだ。
　　 b　太郎は何となく緊張している。花子はそんな太郎に構うことなく、ずっとそこに立っている。

したがって、(48)aの第二文は、「文」単位で見れば無題文であるが、「談話」単位で見れば「太郎」が談話主題であるということになる。一方、bの第二文の「談話主題」（文主題でもある）は「花子」である。

　以上が、本書が考える談話主題である。

　談話主題というものが話し手の視点の決定に関与する以上、「やる／くれる」文や「行く／来る」文を「文」単位で観察するだけでは「やる／くれる」や「行く／来る」の選択について明らかにすることはできない。そこで、以下の部分では、三人称同士の授与・移動における話し手の視点の決定のされ方について、「やる／くれる」文や「行く／来る」文を含む「文脈」にも目を向けつつ考察していきたいと思う。

　まず、モノの与え手・移動行為者の方が談話主題である場合、話し手は必ず談話主題であるモノの与え手・移動行為者の立場から当該の事象（授与・移動）を見ることを要求される。

(49)　主筆　妙子も一しょに行くのですか？
　　　保吉　勿論一しょに行くのです。しかし妙子は立つ前に
　　　　　　達雄へ手紙をやる｛／*くれる｝のです。
　　　　　　　　（芥川龍之介『或恋愛小説──或は「恋愛は至上なり」──』）

(50)　太郎は数日前からそわそわして落ち着かない。いよいよ

明日、太郎は花子という女性のところに {行く/*来る} らしい。

　一方、モノの受け手・移動先の方が談話主題である場合、やはり談話主題であるモノの受け手・移動先の立場から当該の事象（授与・移動）を見ることを要求されるため、「くれる・来る」のみが適格となることが予想される。しかし、実際には「やる／くれる」の両方が、そして「行く／来る」の両方が適格となる。

(51)　ふるさとのお母さんが久しぶりに貴子に手紙を {やった／くれた} んで、貴子ったら今日はとっても嬉しそうだったわね。

(52)　御隠居はとても疲れていた。そんな時に与太郎が御隠居のところに {行った／来た} のである。

(53)　もっとも、これに対しては慶喜にも言い分はあった。五月十四日、島津久光以下が二条城にやって来た {／行った}*4 際、慶喜は、諸藩の回答を待たずに幕府単独で兵庫開港の勅許を奏請した理由を述べた。

(家近良樹『徳川慶喜』)

　談話主題であるモノの受け手、移動先の立場から見ていることを示す「くれる・来る」はともかくとして、「やる・行く」までも適格となるのはなぜか。それは、久野（1978: 141–142, 253–254）が指摘しているように、「やる・行く」は話し手が当該の事象をモノの与え手・移動行為者の立場から見ていることを示すのみならず、「中立の視点」（事象に参与するどの存在からも距離を置き、したがって当該の事象をどの存在の立場から見ることもしないという視点の取り方）を示すこともできるからである。つまり、(51)–(53)の「やる・行く」は話し手が当該の事象を新登場人物である与え手・移動行為者の立場から見ていることを示すのではなく、あくまで中立の視点を示すに過ぎないことから適格となっているのである。

　ただし、中立の視点が許可されるか否かは、場面により、また人により判断に揺れが生じる（談話主題であるモノの受け手・移動先の立場から見ることは確実に許可される）。(51)–(53)について筆

者は「やる／くれる」、「行く／来る」ともに適格であるとしたが、もし複数の日本語話者を対象に調査をするならば、これらの例における「やる」、「行く」の適格性には差が生じることが予想される。ただし、一つ言えることは、当該の「やる／くれる」文や「行く／来る」文の中にモノの受け手や移動先が明示されていない場合には「やる」、「行く」の適格性が落ちるということである。

(54)a　ふるさとのお母さんが久しぶりに貴子に手紙を{やった／くれた}んで、貴子ったら今日はとっても嬉しそうだったわね。(＝(51))

　　b　ふるさとのお母さんが久しぶりに手紙を{*やった／くれた}んで、貴子ったら今日はとっても嬉しそうだったわね。

(55)　杏子はその手紙の方はすぐには開かないで、それをミシンの台の上に載せた。犬を取り返しに来ておいて、結局それを自分に置いて行った克平の顔を思い浮べると、杏子はあるすがすがしさを感じた。が、それが、克平の犬をくれた{／??やった}という行為から来ているのか、妙に乾燥した感じのする彼独特の応対ぶりから来ているか判らなかった。　　　　　　　　（井上靖『あした来る人』）

(56)a　御隠居はとても疲れていた。そんな時に与太郎が御隠居のところに{行った／来た}のである。(＝(52))

　　b　御隠居はとても疲れていた。そんな時に与太郎が{??行った／来た}のである。

(54)aとbの「やる」の適格性の違いは、モノの受け手である「貴子」が明示されているか否かによるものと考えられる。より具体的には、「貴子」が明示されることで、話し手は当該の授与を「(貴子の)お母さん」(モノの与え手)と「貴子」(受け手)の両方が見渡せるところから見ること(中立の視点)を許可されやすくなるのに対して、これが明示されなければ談話主題である貴子の立場から見ることを要求されやすくなるというわけである。このことは、(55)や(56)a-bについても全く同じように当てはまる。

　以上、三人称同士の授与・移動における話し手の視点の決定のさ

れ方について考察し、以下の点が確認された。
（ⅰ）モノの与え手・移動行為者の方が談話主題である場合は「やる」・「行く」のみが適格となる。
（ⅱ）a　モノの受け手・移動先の方が談話主題である場合は、基本的には「やる／くれる」・「行く／来る」の両方が適格となる。
　　　b　ただし、モノの受け手・移動先が文中に明示されるか否かによって「やる」・「行く」の適格性が変わってくる。

5．二人称の位置付け

第5節では視点研究における二人称の位置付けの問題に取り組むことにする。

5.1　考察の方法

二人称はどのように位置付けられるべきであるか、可能性としては次の二つが考えられる。
（ⅰ）二人称は［一人称］の側に位置付けられる（［Ⅰ・Ⅱ］vs. Ⅲ）
（ⅱ）二人称は［三人称］の側に位置付けられる（Ⅰ vs.［Ⅱ・Ⅲ］）

この考え方は、山口（2002: 61）が「およそ人称の対立は［1人称］対［非1人称］、および［1・2人称］対［非1・2人称］、のふたつの対立、もしくはその組み合わせによって構成されているようである」、「世界を人称という概念で切り分けるにあたって、分水嶺となるのは聞き手（2人称）を含めるか否か、という基準なのである」と指摘していることとも一致する。

そこで、二人称の位置付け問題の解決に向けて、本書では次のような考察方法を採用する。

まず、すべての授与・移動を「一人称中心（一人称⇔二・三人称）の授与・移動」、「二人称中心（二人称⇔三人称）の授与・移動」、「三人称同士の授与・移動」の三つに分ける。その上で、主に

二人称中心の授与・移動について観察し、二人称と三人称の間に話し手がどちらの立場から当該の事象（授与・移動）を見ることを要求されるのかという点で人称の上位・下位による視点の序列（二人称＞三人称）が存在するならば二人称は一人称の側に位置付けられ（［Ⅰ・Ⅱ］vs. Ⅲ）、これが存在しないならば二人称は三人称の側に位置付けられる（Ⅰ vs.［Ⅱ・Ⅲ］）と考える。その理由は以下の通り。

一人称中心の授与・移動の場合、「話し手は、常に自分の視点をとらなければならず、自分より他人寄りの視点を取ることができない」（久野（1978: 146））、「話し手自身は常に絶対的に身内である」（奥津（1979: 5））といった先行研究の指摘があるように、話し手は当該の事象をもう片方の参与者である二・三人称よりも優先的に一人称の立場から見ることを要求される。これは「人称」の上位・下位による視点の決定である。一方、三人称同士の授与・移動の場合、第4節で述べたように、参与者のうちどちらが談話主題であるかによって話し手の視点が決定される。これは「談話」による視点の決定である。

このことから、二人称中心の授与・移動において、もし二・三人称間に人称による視点の序列が存在するならば、一人称が参与する授与・移動と同じく「人称」によって視点が決定されるという意味で二人称は一人称の側に位置付けられるということになる。一方、これが存在しないならば、三人称同士の授与・移動と同じく「談話」によって視点が決定されるという意味で二人称は三人称の側に位置付けられるということになる。

5.2 「やる／くれる」文の場合

先に述べた考察方法に基づき、まず、二人称中心の授与の事象における「やる／くれる」の選択のされ方について観察する。もし、「三人称→二人称」の授与の場合は「くれる」のみが選択され、反対に「二人称→三人称」の授与の場合には「やる」のみが選択されるとすれば、二人称と三人称の間には人称による視点の序列が存在する（→二人称は一人称の側に位置付けられる）ということになる。

最初に、「三人称→二人称」の授与の例を幾つか挙げる。

(57) 原口さんが（あなたに）招待券をくれた{／*やった}んですか。　　　　　　　　　　　　　　　　　　　　　　　　（夏目漱石『三四郎』）

(58) へぇー、（番台はあなたに）ずい分いいのくれた{／*やった}じゃん。これがさ、カマジイのとこへ行くんだ。
　　　　　　　　　　　　　　　　　　　　（映画『千と千尋の神隠し』）

(59) 友人があなたにお守りをくれた{／??やった}ら、その友人はあなたの協力者です。
　　（http://members3.jcom.home.ne.jp/tt1123/oyakudatijouhoukann/
　　yume/a-gyou/yume-o.html　アクセス日：2013/7/30）

(60) 担当の理学療法士と整形外科医は、あなたに助言をくれる{／??やる}でしょう。
　　（http://naruoseikei.com/AAOS/Foot%20Activity/foot_activity.html
　　アクセス日：2013/7/30）

筆者の語感では上述の四例すべてにおいて「やる」は不可であるが、(59)–(60)については「やる」を容認する日本語話者もいるかもしれない*5。とはいえ、もし「やる」が容認される可能性があるとしても、「くれる」が選択される可能性の方がはるかに高いという事実に変わりはない。そして、(57)–(58)では「やる」が容認される可能性は極めて低い。したがって、「三人称→二人称」の授与の場合、基本的に「くれる」のみが適格であると言うことができる。

次に、「二人称→三人称」の授与の例を幾つか挙げる。

(61) 手紙？誰に遣る{／*呉れる}手紙？時雄は激した。そんな手紙を書いたって駄目だと宣告しようと思って、足音高く二階に上った。　　　　　　　　　　　　（田山花袋『蒲団』）

(62) 宿屋へ茶代を五円やる{／*くれる}のはいいが、あとで困りゃしないか、田舎へ行って頼りになるはお金ばかりだから、なるべく倹約して、万一の時に差支えないようにしなくっちゃいけない。　　　　　　　（夏目漱石『坊っちゃん』）

(63) あなたが、「通常必要」ではないお金を（あなたのご家族に）あげる{／*くれる}と、それには贈与税がかかります。

(http://www.gifttax.jp/donaition/annually.html　アクセス日：2013/7/30)

上述三例のすべてにおいて「やる」（あげる）のみが適格である。

したがって、(57)–(63)を見る限り、「やる／くれる」文では二人称と三人称の間には人称による序列が存在する（二人称は一人称の側に位置付けられる）ということになりそうである。

では、次のような例はどうだろうか。

(64)　君がミキちゃんにお菓子を{やった／くれた}んだって？

この例では「やる／くれる」ともに適格である。したがって、この例は二人称と三人称の間に人称による序列は存在しないことを示しているように見える。しかし、事実はそうではない。さらに次の例をご覧いただきたい。

(65)a　君が私の娘のミキちゃんにお菓子を{*やった／くれた}んだって？
　　 b　君がミキちゃんという子にお菓子を{やった／??くれた}んだって？

(65)a–bとも「君→ミキちゃん」の授与であるが、aのミキちゃんは「私の娘の」が示しているように「準一人称」である。そして、ミキちゃんが「準一人称」であることから話し手は当該の授与をミキちゃんの立場から見ることを要求され、結果として「くれる」が選択されている。一方、bのミキちゃんは「という」が示しているように三人称である（「準一人称」ではない）。そして、この場合「やる」のみが適格となる。「君」（モノの与え手）とミキちゃん（受け手）のうち当該の授与を「君」（二人称）の立場から見ることを要求されているということである。

このように、「君→ミキちゃん」の授与の場合、ミキちゃんが「準一人称」であれば「くれる」が選択されることになるが、三人称であれば「やる」（のみ）が選択されることになる。このことから、(64)で「やる」のみならず「くれる」も適格となるのは、ミキちゃんが三人称なのか「準一人称」なのかが与えられた文からは明確ではないからであると言うことができる。話し手が当該の授与を「君」（二人称）を差し置いて三人称のミキちゃんの立場から見

るというのは許可されない。よって、（64）も二人称と三人称の間の人称による序列を否定するものではない。

　以上の観察から、二人称中心の授与の場合、話し手の視点は一人称が参与する授与と同じく「人称」の上位・下位によって決定される（二人称と三人称の間には人称による序列が存在する）ということが明らかになった。したがって、「やる／くれる」文では二人称は一人称の側に位置付けられることになる。

　「やる／くれる」文：［Ⅰ・Ⅱ］vs. Ⅲ

5.3　「行く／来る」文の場合

　次に、二人称中心の移動における「行く／来る」の選択のされ方について観察する。

　やはり、最初に「三人称→二人称」の移動の例を幾つか挙げる。もし二人称と三人称の間に人称による視点の序列が存在するならば、移動動詞は「来る」のみが適格となるはずである。

（66）　うちの子、気が付いたらいなくなってたんですが、そちらに {行って／来て} ませんでしょうか。

（67）　私の母がそちらに {行ったら／来たら}、うちに電話するように言ってくれませんか。(= (38))

　上述二例のいずれにおいても「行く／来る」ともに適格である。しかも、「三人称→二人称」の移動において話し手が当該の移動を移動先／移動行為者のどちらの立場から見ることにするかは、三人称同士の移動の場合と同じく「談話」によって決定されることになる。

（68）　太郎は数日前からそわそわして落ち着かないみたいでしたよ。なんでも、太郎はいよいよ明日あなたのところに {行く／*来る} ということで、本当に嬉しそうにしていましたよ。

（69）　（あなたは）数日前からそわそわして落ち着かないみたいですけど、どうしたんですか。あ、そうか。いよいよ明日太郎があなたのところに {行く／来る} んでしたね。やっぱり嬉しいですか。

このことから、「三人称→二人称」の移動の場合、二人称と三人称の間に人称による序列は存在せず、話し手の視点は「談話」によって決定されると言えそうである*6。

次に、「二人称→三人称」の移動の例を幾つか挙げる。もし人称による視点の序列が存在するならば、移動動詞は「行く」のみが適格となるはずである。

(70) 国家とは何かを知りたければ国境に行って{／*来て}みることさ。鉄条網で厳重に区切られ、兵士たちがきびしい監視。地球上を細かく分断し、人間をその中に閉じ込めてしまうのが国家。

(橋本勝『Peace 戦争と平和のアルファベット絵本』)

(71) でも、あなたの命を危険にさらすようなことはしないわ。さあ、行って{／*来て}！あなたが安全なところに行く{／*来る}まで、誰も通さないわ。

(スーザン・スペンサー・ポール『花嫁の持参金』)

上述二例からすると「二人称→三人称」の移動の場合は「行く」のみが適格であり、これは二人称と三人称の間に人称による視点の序列が存在することを示しているように見える。しかしここで、「二人称→三人称」の移動であっても、移動先である三人称の方が談話主題になっていることが明確である場合は、「行く」（中立の視点を示す）と「来る」（談話主題の立場から見ていることを示す）がともに適格となるということを指摘したいと思う。

(72) のび太はね、昨日君が（のび太のところに）{行った／来た}んで、すごく喜んでたらしいよ。

したがって、「二人称→三人称」の移動の場合も、当該の移動を移動行為者である二人称の立場から見るように要求されることが多いとはいえ、やはり二人称と三人称の間に人称による序列は存在せず、話し手の視点は「談話」によって決定されると言えそうである。

以上の観察から、二人称中心の移動の場合、話し手の視点は三人称同士の移動と同じく「談話」によって決定される（二人称と三人称の間に人称による序列は存在しない）ということが明らかになった。したがって、「行く／来る」文では二人称は三人称の側に位置

付けられることになる。

「行く／来る」文：Ⅰ vs.［Ⅱ・Ⅲ］

5.4 授与と移動の相違点

ここまでの観察を通して、「やる／くれる」文では二人称と三人称の間に人称の上位・下位による視点の序列が存在するのに対して、「行く／来る」文ではこれが存在しないということが明らかになった。そして、これを根拠として、二人称は「やる／くれる」文では一人称の側に位置付けられ（［Ⅰ・Ⅱ］vs. Ⅲ）、「行く／来る」文では三人称の側に位置付けられる（Ⅰ vs.［Ⅱ・Ⅲ］）という結論を得た。では、「やる／くれる」文と「行く／来る」文における二人称の位置付けの違いはどこから来るのだろうか。

今ここで、仮に、一人称と二人称は同じ場所に一緒に居るものとしよう（［Ⅰ・Ⅱ］）。そして、その状況下で二人称⇔三人称のモノの授与があったとする。たとえ一人称と二人称が同じ場所に居るとしても、二人称⇔三人称の授与が同時に一人称⇔三人称の授与を意味することはない。

(73) （状況：一人称と二人称が同じ場所に居る）
　　　a　田中があなたにお金を渡す　≠　田中が私にお金を渡す
　　　b　あなたが田中にお金を渡す　≠　私が田中にお金を渡す

つまり、一人称と二人称が同じ場所に居るという状況であっても、二人称⇔三人称の授与は成立する。そして、この事実は二人称に「一人称の側に位置付けられる」（［Ⅰ・Ⅱ］）という道を選ばせることになり、また、一人称の側に位置付けられた二人称は、三人称とは対立することになるのである（Ⅱ vs. Ⅲ）。

しかし、同じ状況下で二人称⇔三人称の移動行為者の移動があったとすれば、それは同時に一人称⇔三人称の移動も意味することになる。

(74) （状況：一人称と二人称が同じ場所に居る）
　　　a　田中があなたの所に移動する　＝　田中がここに移動する
　　　b　あなたが田中の所に移動する　＝　あなたがここから田中の所に移動する

つまり、一人称と二人称が同じ場所に居るという状況下では、二人称↔三人称の移動は成立しないのである。そして、これを成立させるためには一人称と二人称は別の場所に居なければならない（Ⅰ vs. Ⅱ）。

(75)　（状況：一人称と二人称が別の場所に居る）
　　a　田中があなたの所に移動する　≠　田中がここに移動する
　　b　あなたが田中の所に移動する　≠　あなたがここから田中の所に移動する

そして、この事実は二人称に「一人称と対立する」（Ⅰ vs. Ⅱ）という道を選ばせることになり、また、一人称と対立した二人称は、三人称の側に位置付けられることになるのである（[Ⅱ・Ⅲ]）。

「やる／くれる」文と「行く／来る」文で二人称の位置付けが異なるのは以上のような理由によると考えられる。

ただし、日本語のこのような考え方が汎言語的に当てはまるとは限らないということにも注意を払う必要がある。

たとえば、山口（2002, 2011）が英語について、下地（1997）が中国語について、それぞれ日本語の「行く／来る」との対照を念頭に置きつつ指摘しているように、英語や中国語では、（一人称領域への移動はもちろんのこと）一・三人称の二人称領域への移動にも"come"、"来"（lai）が使用される。それで、山口（2002: 59）は、英語の移動動詞"go／come"文には「[Ⅰ vs Ⅱ] vs Ⅲ」という対立の構図が見られるとしている。ちなみに、これは、中国語の移動動詞"去／来"（qu／lai）文にもほぼ当てはまるようである*7。

また、「やる／くれる」文については、奥津（1983b）が分かりやすく整理しているように、日本語のような授与動詞の分化が英語や中国語には見られない。ということは、「私以外→私」の授与も「私→私以外」の授与も同じ授与動詞（英語では"give"、中国語では"給"（gei））で表されるということであり、英語や中国語の授与動詞文には少なくとも日本語の「やる／くれる」文と同じような意味での視点は関与しないということである。

5.5　第 5 節のまとめ

第 5 節では、「やる／くれる」文、「行く／来る」文を例として、視点研究における二人称の位置付けの問題について考察した。その結果、二人称は「やる／くれる」文では一人称の側に、「行く／来る」文では三人称の側に位置付けられるという結論が得られた。

6.　本章のまとめ

本章の目的は、「視点研究の精緻化」の一つ目として、授与動詞「やる／くれる」文と移動動詞「行く／来る」文に視点がどのように関与するかについて従来の研究より詳細に考察することであった。

まず、モノの与え手／受け手、移動行為者／移動先に視点があると言うときの「視点」の意味について改めて検討し、「やる／くれる」文や「行く／来る」文には〈視座：話し手が当該の授与・移動を誰（モノの与え手／受け手、移動行為者／移動先）の立場カラ見ているか〉という意味で視点が関与するという結論を得た。

その上で、「やる／くれる」文や「行く／来る」文において話し手はどのような場合に当該の事象（授与・移動）をモノの与え手／受け手、移動行為者／移動先の立場から見るのか（＝視点の決定のされ方）について従来の研究よりも詳細に考察するべく、（ⅰ）「準一人称」の範囲、（ⅱ）三人称同士の授与・移動の場合、（ⅲ）二人称の位置付けの問題という三つの課題に取り組んだ。

考察の結果、以下の点が明らかになった。

（ⅰ）a　「やる／くれる」文では、話し手が「私の〜」、「うちの〜」と呼ぶことができる存在が「準一人称」に含まれる。

　　　b　「行く／来る」文では、「話し手の恒常的な位置」や「過去・未来における話し手位置」、そして「話し手の現在位置から出発する（話し手以外の）存在」や「話し手の意向で当該の移動を行う存在」などが「準一人称」に含まれる。

（ⅱ）　三人称同士の授与・移動の場合、参与者のうちどちらが談話主題であるかに基づいて「やる／くれる」、「行く／来

る」の選択がなされる。すなわち、モノの与え手・移動行為者の方が談話主題である場合は「やる」、「行く」のみが適格となり、モノの受け手・移動先の方が談話主題である場合、基本的には「やる」と「くれる」、「行く」と「来る」ともに適格となる。

(ⅲ)　二人称は、「やる／くれる」文では一人称の側に位置付けられ（［Ⅰ・Ⅱ］vs. Ⅲ）、「行く／来る」文では三人称の側に位置付けられる（Ⅰ vs.［Ⅱ・Ⅲ］）。

＊1　張芃蕾（2009）と下地（2004）はいずれも日本語と中国語の対照研究の立場から「行く／来る」の選択（など）について考察している。したがって、張芃蕾は日本語のみならず中国語で「視点の移行」が起こりやすい場合についても記述しているし、下地は、日本語は「相対的視点」で事象を眺める傾向が強いとする一方で、中国語は「固有的視点」で事象を眺める傾向が強いという主張も行っている。

＊2　もっとも、言語研究全般において二人称の扱いは非常に難しい問題である。山口（2002: 61）が指摘しているように、「世界を人称という概念で切り分けるにあたって、分水嶺となるのは聞き手（2人称）を含めるか否か、という基準」だからである。たとえば、角田（2009: 41）は「1人称＞2人称＞3人称」という名詞句階層を示しているが、これはあくまで言語類型論の立場から汎言語的な傾向を記述したものである。二人称の扱いについては、各言語や各文法項目ごとに慎重に検討する必要がある。実は、久野（1978）も、発話当事者の視点ハイアラーキーを規定した個所（p.146）に対応する巻末注の部分で、「少なくとも日本語に関しては、聞き手と、第三者との間の共感度関係は、自動的には定まらない。英語でも同様である。聞き手と第三者の優位関係に就いては、諸言語の文化的背景によって、ヴァリエイションがあることが予想される」（p.315）と述べており、少なくともこの時点では迷いを見せている。

＊3　(38)の「行く／来る」の適格性について張芃蕾（2011）は話し手にとって「私の母」の方が「聞き手（の現在位置）」よりも心理的に近いことを根拠に「行く／＊来る」であるとしているが、筆者としては、少なくとも張芃蕾が述べる理由で「来る」を排除することはできないと考える。

＊4　「やって行く」という形式が日本語に存在しないため、(53)で原文「来る」を「行く」に入れ替えるならば不適格になるように思える。しかし、「やって」を削除すれば「行く」も適格となる。

＊5　(59)–(60)で「やる」も容認されるとすれば、この二例は文字を媒体として不特定多数の人々に発信されたものであり、ここでの「あなた」は話し手

(書き手)の文章を読むことになる不特定多数の人々を指すことから、当該の授与があたかも三人称同士の授与であるかのように解釈される可能性があるという理由によると思われる。

*6 なお、中澤(2011a: 35)は、(電話で、停電で困っている友人に対して)「電力会社に電話すれば、誰か来るよ。」という例を挙げて、「「誰か行くよ」はむしろ不自然に聞こえる」としている。この文の移動行為者「誰か」は〔－特定〕の存在であるから、談話主題は移動先の「あなた(のところ)」である。したがって、「談話」によって話し手の視点が決定されるのであれば、中立の視点を示す「行く」と移動先(の立場)から見ていることを示す「来る」の両方が適格となるはずである。しかし実際には、中澤が指摘しているように、上の例では「行く」は不自然に感じられる。この例からも、中立の視点は常に許可されるわけではないということが分かる。

*7 二人称領域への移動の場合、英語では必ず"come"が選択されるようであるが、中国語の場合は事情がやや複雑で、必ず"来"が選択されるわけではない。下地(1997)は、一・三人称の二人称領域への移動で"来"が選択されるのはどのような場合であるか詳しく考察している。

第4章
授与補助動詞「てやる／てくれる」文と視点

1. はじめに

本章では、「視点研究の精緻化」の二つ目として、授与補助動詞「てやる／てくれる」文に視点がどのように関与するのか詳細に考察していく。

1.1　問題の所在　「てやる／てくれる」文における視点のあり方

久野暲（1978）は、「やる／くれる」の視点制約を「くれる：E（与格目的語）＞ E（主語）」、「やる：E（主語）≧ E（与格目的語）」と規定したのに続けて、授与補助動詞「てやる／てくれる」の視点制約を次のように規定している（p.152）。

てくれる：E（非主語）＞ E（主語）
てやる　：E（主語）＞ E（非主語）

そして、次の（1）のような例について次のように説明している。
(1) 太郎ハ花子ノ勉強ヲ手伝ッテクレタ。　　（久野（1978: 153））
この例は「非主語「花子」寄りの視点からの記述とも解釈できるし、文外の要素「私」寄りの記述とも考えられるし、又、その両方であるとも考えられる」（p.153）。

しかし、特に「てくれる」が非主語寄りの視点を表す（本書の言い方ならば〈視座：非主語の指示対象の立場から見ている〉ことを示す）とする久野の見方については、その後の幾つかの研究がその問題点を指摘している。

たとえば、山橋幸子（1999）は、「ありがたいことに」との共起を根拠に、「てくれる」は周りで起こるある出来事に対する話し手の利益・恩恵の感情を表す表現であると主張している。
(2) a　ありがたいことに、友達が私にカメラを貸してくれた。

b　ありがたいことに、植物が酸素を出してくれる。

(a–b とも山橋 (1999: 25–26))

　山橋のこの主張は、「てやる」と「てくれる」の視点の非対称性を指摘しているという点でも注目に値する。

　また、澤田淳（2007a, b）は、「てくれる」が非主語寄りの視点を表すとする分析の具体的な問題点を指摘した上で（澤田（2007a: 4–5, 2007b: 87））、認知言語学的な立場から、「「てくれる」構文とは、当該の事象がそれを認知する主体にとって恩恵的であると捉えられることを表す構文である。それゆえ、「てくれる」構文が表す恩恵性とはその事象を捉える「認知主体」（conceptualizer：C）にとっての恩恵性であり、その事象の主語は認知主体であってはならない」（澤田（2007b: 88））と主張している（ここで、「認知主体」とは話し手、聞き手、或いは主文主語を指す）。「てくれる」文で話し手が視点を寄せる対象は受益者と同一であると考えられるため、澤田のこの主張によると、「てくれる」文は「認知主体」寄りの視点を表すということになる。

　このように、授与補助動詞「てやる／てくれる」文における視点のあり方（〈視点人物／注視点／視座／視野／見え〉のどの要素がどのように関与しているか）の問題は、本動詞「やる／くれる」文の場合よりも複雑であり、再考の余地が残されていると言える。前の章（第3章）では、モノの授与を表す本動詞「やる／くれる」文には〈視座：話し手が当該の事象を誰（モノの与え手／受け手）の立場カラ見ているか〉という意味で視点が関与するということが明らかになった。では、コトの授与を表す補助動詞「てやる／てくれる」文は、話し手が当該の事象を誰の立場から見ていることを示すのだろうか。そして、「てやる／てくれる」文において話し手の視点はどのように決定される（「てやる／てくれる」の選択はどのように行われる）のだろうか。

1.2　本章の構成

　このような問題意識に基づいて、以下、本章の議論は次のように構成される。

第2節：「てやる」、「てくれる」はそれぞれ話し手が当該の事象を参与者のうち誰の立場から見ていることを示すのか。「てやる／てくれる」文おける視点のあり方について検討する。

第3節：三人称同士のコトの授与（話し手の視点が人称の上位・下位によっては決まらない場合）における視点の決定のされ方（「てやる／てくれる」の選択のされ方）について考察する。

第4節：二人称と三人称が参与するコトの授与の場合は話し手の視点がどのように決定されるのかを明確にするべく、「てやる／てくれる」文における二人称の位置付けの問題（二人称と三人称の間に人称による視点の序列が存在するかという問題）に取り組むことにする。

2.「てやる」と「てくれる」の視点

第2節では「てやる／てくれる」文おける視点のあり方について検討する。

2.1　久野（1978）の問題点と「直接・間接ベネファクティブ」

本章の冒頭でも述べたように、久野（1978: 152）は、「てやる／てくれる」の視点制約を「てくれる：E（非主語）＞ E（主語）」、「てやる：E（主語）＞ E（非主語）」と規定している。しかし、特に「てくれる」を非主語寄りの視点を表すとする規定についてはその問題点を指摘する研究も多く、山橋（1999）や澤田（2007a, b）などが久野の規定に対する代案を提出している。

では、久野（1978）の規定の問題点はどこにあるのか。筆者から見て、その最大の問題点は、「やる／くれる」の視点制約が対称的である（主語寄りの視点か、与格目的語寄りの視点か）のと同じように、「てやる／てくれる」の視点制約も対称的である（主語寄りの視点か、非主語寄りの視点か）と考えたところである。

モノの授与を表す本動詞「やる／くれる」文の場合、当該の授与に参与する存在はモノの与え手と受け手の二者である。そして、「くれる」はモノの受け手の立場から見ていることを示し、「やる」は与え手の立場から見ていることを示す。つまり、「やる」と「くれる」の視点のあり方は対称的である。

　しかし、コトの授与を表す補助動詞「てやる／てくれる」文は、重要な点においてこれと異なる。「てやる／てくれる」文で表される事象には、コトの与え手・受け手に加えて、当該のコトの授与の事象から直接的・間接的に恩恵を受ける受益者の三者が参与するからである（以下、コトの与え手はAgentの頭文字を取って「A」、コトの受け手はPatientの頭文字を取って「P」、受益者はBeneficiaryの頭文字を取って「B」と表記することがある）。久野（1978）も、「太郎ハ花子ノ勉強ヲ手伝ッテクレタ」（＝(1)）のような「てくれる」文は「非主語「花子」寄りの視点からの記述とも解釈できるし、文外の要素「私」寄りの記述とも考えられるし、又、その両方であるとも考えられる」（p.153、下線は筆者による）と述べているが、この「文外の要素「私」」とはまさに「太郎が花子の勉強を手伝う」という事象における（間接的）受益者である。

　したがって、「てやる」と「てくれる」の視点のあり方について考察する際には、特に受益者の存在に注意を払う必要があると言える。そして、受益者（B）の存在が加わることによって、「てやる」と「てくれる」の視点のあり方は非対称的になる可能性がある。なぜなら、ここで新たに加わった受益者（B）はコトの受け手（P）と一致する場合もあれば一致しない場合もあるからである。このことを、山田敏弘（2004: 29–32）は、ベネファクティブ構文（「てやる／てくれる／てもらう」文）を「直接ベネファクティブ構文」と「間接ベネファクティブ構文」に分けるという考え方をもって言い表している。山田によると、直接ベネファクティブ構文とは「てやる／てくれる（／てもらう）」文に前接する動詞が表す動作の方向性と「てやる／てくれる（／てもらう）」が表す恩恵の方向性が一致する文のことである。一方、間接ベネファクティブ構文とは動作の方向性と恩恵の方向性が一致しない文のことを言う。山田はこ

れを次のように図示している。

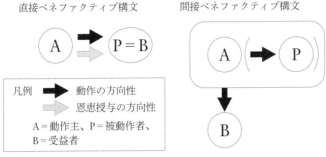

図1 直接・間接ベネファクティブの方向性の概念図（山田（2004: 30）より）＊1

そして、山田は直接・間接ベネファクティブの例として次のようなものを挙げている。

(3) a 田中（＝A）は私（＝P／B）に本を売ってくれた。（直接ベネファクティブ）
　　b 田中（＝A）は私（＝B）のために走ってくれた。（P＝∅）（間接ベネファクティブ）

(a–bとも山田（2004: 29））

ここまで述べてきたように、「てやる／てくれる」文で表される事象にはコトの与え手（A）・受け手（P）・受益者（B）の三者が参与する。では、「てやる／てくれる」は話し手が当該の事象（コトの授与）を誰の立場から見ていることを示すのだろうか。以下、「てやる」と「てくれる」の視点のあり方について順番に検討する。

2.2 「てやる」の視点

「てやる」については、久野（1978: 152）が「E（主語）＞E（非主語）」と規定しているように、主語であるコトの与え手の立場から見ていることを示すと考えることができる。なぜなら、「てやる」文において一人称（私）はコトの与え手（A）・受け手（P）・受益者（B）のうちAになることはできるが、PやBになることはできないからである。

まず、一人称がコトの与え手（A）になっている例を幾つか挙げる。

(4) a 　私（＝A）が太郎（＝P／B）を褒めてやった。
　　b 　私（＝A）が太郎（＝P）を叱ってやった。
　　c 　私（＝A）が太郎（＝P／B）を褒めてやったから、（弟の）次郎（＝B）も嬉しかったようだ。
　　d 　私（＝A）が太郎（＝P）を殴ってやったから、（いじめられっ子の）次郎（＝B）もすっきりしたようだ。
　　e 　私（＝A）が（太郎（＝B）のために）走ってやった。

(5) そうだ、ユカ。本棚で思い出したけど、（わたし（＝A）があなた（＝P）を）一度図書館に連れていってあげる｛／＊くれる｝よ。　　　　　　　　　　　　　（有以このみ『ユカのこころの旅』）

(6) （優太ちゃんが）すごく寒そうだったから、（私（＝A）は）羽織っていたジャンパーを脱いで、優太ちゃん（＝P）に被せてあげた｛／＊くれた｝のです。
　　　　　　　　　　　（レスキュー編集部（編）『ドキュメント新潟中越地震』）

(7) 花沢さん：待って、ワカメちゃん。私（＝A）がお姉さんに代わって（ワカメちゃん（＝B）のために）磯野君（＝P）を叱ってあげる。
　　　　　　　　　　　　　　（TVアニメ「サザエさん」2011/6/5放送分）

一方、「てやる」文で一人称（私）はPやBになることはできない。これは、言い換えれば、「私」以外の存在が「私」を差し置いて「てやる」文のAになることはできないということでもある。

(8) a 　＊太郎（＝A）が私（＝P／B）を褒めてやった。
　　b 　＊太郎（＝A）が（私（＝B）のために）走ってやった。

以上の観察から、「てやる」は話し手が当該の事象をコトの与え手（A）の立場から見ていることを示すため、コトの与え手（A）は受け手（P）や受益者（B）よりも視点の序列が上位の存在でなければならない（A > P, B）と考えることができる。

2.3 「てくれる」の視点

久野（1978: 152）は「てくれる」の視点制約を非主語寄りの視

点を表す（E（非主語）＞E（主語））と規定した。そして、「太郎ハ花子ノ勉強ヲ手伝ッテクレタ」（＝(1)）について「花子」寄りの視点、「私」寄りの視点、或いはその両方の三つの可能性があるとしている。しかし、「花子」はこの事象（太郎が花子の勉強を手伝う）におけるコトの受け手（P）であり、「私」は間接的受益者（B）である。つまり、「花子」と「私」とではこの事象における役割が異なる。にもかかわらず、P・Bともに主語以外の位置（文外も含む）に置かれているというだけの理由で両者を「非主語」と一括りにしてしまうのは問題がある。では、「てくれる」は話し手が当該の事象をPの立場から見ていることを示すのか、それともBだろうか*2。この問題を解決するために、「太郎が花子の勉強を手伝う」という事象において「てくれる」の使用が適格となるのはどのような場合であるかを考えてみたい。

「てくれる」が適格となる場合として最初に挙げられるのは、当該の事象（太郎が花子の勉強を手伝う）が話し手にとっても恩恵的である（＝一人称がこの事象の間接的受益者（B）である）という場合である。

(9) 太郎（＝A）が花子（＝P／B）の勉強を手伝ってくれた（ので、私（＝B）も助かった）。

この場合、「てくれる」の使用を怠ったり、「てくれる」の代わりに「てやる」を使用したりするならば不自然になる。

(10)a ?太郎（＝A）が花子（＝P／B）の勉強を手伝ったので、私（＝B）も助かった。
　　 b ??太郎（＝A）が花子（＝P／B）の勉強を手伝ってあげたので、私（＝B）も助かった。

さて、(9)の「てくれる」文には太郎（A）、花子（P／B）、「私」（B）の三者が参与しているが、誰にとっても自分自身の立場からモノ・コトを見るのが最も容易、且つ自然であるということから、この「てくれる」文は話し手が当該の事象を（間接的）受益者（B）である一人称（私）の立場から見ていることを示すと考えることができる。

実際、当該の事象が「私」にとって恩恵的ではない（＝一人称が

第4章　授与補助動詞「てやる／てくれる」文と視点

この事象の受益者（B）ではない）という場合には、「てくれる」の使用は不適格（ないしは、不自然）となり、「てくれる」の使用が避けられたり、「てくれる」の代わりに「てやる」が使用されたりする。

(11) ??あの時は太郎（＝A）が花子（＝P／B）の勉強を手伝ってくれるなどという余計なことをしてしまって、本当に困った。

(12) a あの時は太郎（＝A）が花子（＝P／B）の勉強を手伝うなどという余計なことをしてしまって、本当に困った。
　　　b あの時は太郎（＝A）が花子（＝P／B）の勉強を手伝ってやるなどという余計なことをしてしまって、本当に困った。

また、次の例もご覧いただきたい。

(13) ——おや——
　　　奥さんの顔を見て私は少し驚いた。笑ってはいるけれど、どことなくやつれている。
　　　——Kさんが苦労をかけているんだよな。駄目じゃないか。（Kさん（＝A）が）もっと奥さん（＝P／B）を大事にしてあげ｛／くれ｝なくちゃあ——

（阿刀田高『妖しいクレヨン箱』）

この例は「Kさんが（Kさんの）奥さんを大事にする」という事象について述べた文である。原文では「てやる」が使用されているが、この文脈では「てくれる」を使用することも不可能ではないように思われる。では、「てくれる」が使用されるのはどのような場合であるかと言えば、やはり一人称がこの事象の受益者（B）である場合である。実際、一人称にとっての恩恵性が前面に出ることで「てくれる」が使用される可能性は高くなる。そしてその場合、「てくれる」の使用を怠ったり、「てくれる」の代わりに「てやる」を使用するならばかえって不自然になる。

(14) Kさん（＝A）がもっと奥さん（＝P／B）を大事にしてくれなくちゃあ、私まで心配でたまらないじゃないか。

(15) a ??Kさん（＝A）がもっと奥さん（＝P／B）を大事にしな

くちゃあ、私まで心配でたまらないじゃないか。
　　　b ??Kさん（＝A）がもっと奥さん（＝P／B）を大事にして
　　　やらなくちゃあ、私まで心配でたまらないじゃないか。

　これらの例から、「てくれる」は話し手が当該の事象を受益者（B）の立場から見ていることを示すと考えてよさそうである。

　また、「太郎が花子の勉強を手伝う」という事象について述べる際に「てくれる」の使用が適格となる二つ目の状況は、「花子」が当該の「てくれる」文の先行文脈において談話主題となっている場合である。

（16）　あの時、花子は夏休みの宿題に追われてとても困っていた。そんな花子（＝P／B）の勉強を太郎（＝A）が手伝ってくれた。

（16）の第二文では、話し手が当該の事象を（太郎（A）ではなく）談話主題である花子（P／B）の立場から見ているという理由で「てくれる」が使用されているのだろう。しかし、ここでの花子はコトの受け手（P）と（直接的）受益者（B）の両方を兼ねている。では、話し手は当該の事象を「コトの受け手としての花子」の立場から見ているのか、それとも「受益者としての花子」の立場から見ているのか。ここまでの考察からすると、その答えはもちろん「受益者としての花子」であろう。実際、次の例のように、「花子」はコトの受け手ではあるが受益者ではない（且つ、一人称≠受益者）という場合には、「てくれる」の使用は不自然になる。

（17）??あの時、花子は夏休みの宿題に追われてとても困っていたというのに、太郎（＝A）はそんな花子（＝P）の邪魔をしてくれた。本当に呆れたものだと思う。

　つまり、（16）の「てくれる」文では話し手は当該の事象を（直接的）受益者（B）である「花子」の立場から見ているのであり、その「花子」がたまたまコトの受け手（P）でもあるということである。決してその反対ではない。

　さらに、「太郎が私を手伝った」という事象について述べる際には、「てくれる」はほぼ確実に適格となる（(18)a）。と言うよりも、「てくれる」を使用しない方がやや不自然に感じられることが多い

((18)b)。

(18) a 　太郎（＝A）が私（＝P／B）を手伝ってくれたよ。
　　 b 　?太郎（＝A）が私（＝P／B）を手伝ったよ。

ただし、一人称が当該の事象の受益者（B）ではないという場合には「てくれる」の使用は避けられるかもしれない*3。

(19) a 　太郎（＝A）が私（＝P）を手伝うなどという余計なことをしたんです。
　　 b 　?太郎（＝A）が私（＝P）を手伝ってくれるなどという余計なことをしたんです。

また、「太郎が走る（そのことが私にとって恩恵的である）」という場合には「てくれる」の使用は適格となるが、「私が走る（そのことが太郎にとって恩恵的である）」という場合には「てくれる」は不適格となる。つまり、「てくれる」文では「私」を差し置いて他の存在が受益者（B）になることはできない。

(20) a 　太郎（＝A）が（私（＝B）のために）走ってくれた。
　　 b 　*私（＝A）が太郎（＝B）のために走ってくれた。

以上の観察から、「てくれる」は話し手が当該の事象を（直接的・間接的）受益者（B）の立場から見ていることを示すため、受益者（B）はコトの与え手（A）よりも視点の序列が上位の存在でなければならない（B＞A）と考えることができる。

2.4　第2節のまとめ

第2節では「てやる」と「てくれる」の視点のあり方について検討し、次のような結論を得た。

　てくれる　⇒〈視座：話し手が当該の事象を直接的・間接的受益者（B）の立場カラ見ている〉ことを示す（B＞A）
　てやる　　⇒〈視座：話し手が当該の事象をコトの与え手（A）の立場カラ見ている〉ことを示す（A＞P, B）

これを図示するならば次の図2のようになる。

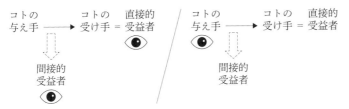

図2 「てくれる」(左) と「てやる」(右) の視点

3. 三人称同士のコトの授受における視点の決定のされ方

　第2節では「てやる」と「てくれる」の視点のあり方について検討した。これを承けて、第3節では「てやる／てくれる」文における話し手の視点の決定のされ方について考察したい。話し手はある事象をどのような場合にコトの与え手（A）の立場から見て、どのような場合に直接的・間接的受益者（B）の立場から見るのだろうか。ここでは、特に話し手が当該の事象を誰の立場から見るかが人称の上位・下位では決まらない場合、すなわち三人称同士のコトの授受における視点の決定のされ方について重点的に観察していきたいと思う。

3.1 「新登場人物（A）→談話主題（P）」のコトの授受

　三人称同士のコトの授受は、コトの与え手（A）と受け手（P）のうちのどちらが談話主題であるかによって、「新登場人物（A）→談話主題（P）」の授受と「談話主題（A）→新登場人物（P）」の授受に分けることができる。そこで、3.1節ではまず前者について観察する。

(21)　ご隠居は疲れていた。与太郎（＝A）がそんなご隠居（＝P／B）を手伝って｛やった／くれた｝。

　この例を見る限り、「新登場人物（A）→談話主題（P）」のコトの授受の場合には「てやる／てくれる」ともに適格になるようである。では、「てやる」と「てくれる」はそれぞれどのような理由で適格になるのだろうか。

　まず「てくれる」が適格となるのは、ここでの「てくれる」は話

し手が当該の事象を談話主題となっている直接的受益者（B）の「御隠居」の立場から見ていることを示すからであると思われる。談話主題は新登場人物よりも視点の序列が上位であり（談話主題の視点ハイアラーキー；久野（1978: 148-149））、話し手にとってある事象を談話主題の立場から見るのは比較的容易である。

また、話し手（私）自身が当該の事象の間接的受益者（B）であるという可能性も考えられる（与太郎がご隠居を手伝ったことで、私も助かった）。その場合、「てくれる」は話し手が当該の事象を間接的受益者（B）である話し手自身の立場から見ていることを示すので、より使用しやすい。

一方、ここでの「てやる」は話し手が当該の事象を新登場人物である動作主（A）の「与太郎」の立場から見ていることを示してしまうはずである。にもかかわらず、なぜ適格となるのか。本書としては、これは「中立の視点」（事象に参与するどの存在からも距離を置き、したがって当該の事象をどの存在の立場から見ることもしないという視点の取り方）によるものと考えたい。

久野（1978）は、「やる」は主語寄りの視点（モノの与え手の立場から見ていること）を示すのみならず、「中立の視点」をも示すが（pp.141-142）、「てやる」が中立の視点を示すことはなく、これは両者の間に見られる重要な違いであると述べている（pp.152-153）。たしかに次のような例を見ると、「てやる」は「やる」に比べると中立の視点を示しにくいと言えそうである。

(22) a　誰かが太郎にお菓子をやった。
　　 b　?誰かが太郎を手伝ってやった。

これらの例はいずれも新登場人物から談話主題へのモノ・コトの授与を表しているが*4、(22)aの「やる」は完全に適格であるのに対して、bの「てやる」はやや不自然である。久野（1978）が「てやる」には中立の視点での用法を認めなかったのはこのような事情もあるのかもしれない。

しかし、「てやる」も中立の視点を示すことがあると考えなければ、(21)の「てやる」は話し手が当該の事象を談話主題（ご隠居）を差し置いて新登場人物（太郎）の立場から見ていることを示

すことになってしまう。これは合理的な考え方であるとは言えない。そのようなわけで、本書では「てやる」にも中立の視点を認め、(21)の「てやる」が適格となるのは中立の視点によるものであると考えることにする。

　さて、ここまで述べてきたことからすると、「新登場人物（A）→談話主題（P）」のコトの授与の場合、基本的には「てくれる」が選択されるのだが、中立の視点が適用されれば「てやる」が選択されると言うことができる。そして、小説（など）から採取した実例、及び筆者が日本語話者20名を対象に行った「てやる／てくれる」の選択に関する語感調査[5]もこのことを示している。

(23)　（彼は）日本人が来たからというのもあるだろうが、繰り返し日本と日本人に対する好意的な気持ちを口にした。勤勉さ、まじめさ、平和精神…。ちょっと前の日本人の印象を持ち続けている感もあったが、日本人への賞賛ぶりはこちらが面はゆくなるほどであった。日本好きの背景には、本国以上の関心や熱狂で彼（＝P／B）の著書を迎えて<u>くれた</u>$_{20}$｛／<u>あげた</u>$_0$｝日本人（＝A）への感謝の気持ちもあるようだ。

　　　　　　　　　（J.K.ガルブレイス『ガルブレイスわが人生を語る』）

(24)　<u>茂辰</u>はほほえんだ。茂辰もうれしかった。志田吉之助（＝A）が（茂辰（＝P／B）の）約束を守って<u>くれた</u>$_{19}$｛／<u>あげた</u>$_1$｝からである。　　　　　　（童門冬二『鍋島直茂』）

(25)　目の前の高校生たちも同様で、静かに鯉を引き寄せ、落ち着いて所定の手続きを済ませ、また元の姿勢に戻る。高校生たちも常連なのだろうか。<u>鯉</u>もまた常連で、釣り上げられてもそれほど動揺をみせず、落ち着いて（高校生（＝A）たちが鯉（＝P／B）の）針をはずして<u>くれる</u>$_{19}$｛／<u>あげる</u>$_1$｝のを待ち、はずしてもらってタモ網に入れられるとそのまま静かにしている。

　　　　　　　　　　　　　　　　（『オール讀物』平成16年6月号）

　上述三例のいずれにおいても原文は「てくれる」を選択している。また、語感調査でもすべての例において20人中19人以上が「て

くれる」の方がより相応しいと回答した。やはり、「A＝新登場人物、P＝談話主題」のコトの授与の場合、基本的には「てくれる」が選択されるようである。

では、「てやる」はどのような場合に選択されるのだろうか。次の例をご覧いただきたい。

(26) ケンジは半膳ほどで箸を置き、綾乃と聖子も貴浩と英一郎の食事の世話をしながら、時折思い出したように箸を動かすだけだった。力はまったく食欲がないらしく、俯いたままだ。綾乃（＝A）が（力（＝P／B）に）お粥を炊いてやった（あげた₁₁）{／くれた₉}が、スプーンで三口食べただけで、テーブルにつっ伏してしまった。

(長瀬隼介『永遠の咎』)

この例は「綾乃（新登場人物）→力（談話主題）」のコトの授与であるが、原文は「てやる」を選択している。これを、話し手が当該の事象を（談話主題になっている「力」を差し置いて）新登場人物の「綾乃」の立場から見ていると考えるのはあまり合理的ではない。それよりも、ここでの「てやる」は中立の視点が適用された結果であると考える方が合理的である。

では、なぜ中立の視点が適用されたのか。一つには、(26)の全体が、特定の誰かの立場から述べるのではなく、事象に関係するすべての人物から一様に距離を置いて事象を俯瞰するという述べ方をしているからという理由が考えられる。その証拠に、この例を始めからよく見ると、「ケンジは」、「綾乃と聖子も」、「力は」という具合に主題が頻繁に交代しているということに気が付く。このように、中立の視点が比較的適用されやすい文脈においては「てやる」が選択されることもあり得る。

とはいえ、すでに述べたように、「てやる」は中立の視点では用いられにくい。このことは、原文が中立の視点を選択した(26)のような例においても、語感調査では20人中9人が「てくれる」の方がより相応しいと回答したという事実からもうかがい知ることができる。

以上、「新登場人物（A）→談話主題（P）」のコトの授与の場合

について観察した。

3.2 「談話主題（A）→新登場人物（P）」のコトの授与

3.2節では「談話主題（A）→新登場人物（P）」のコトの授与について観察する。

(27) 与太郎は本当にいい奴だ。この前も与太郎（＝A）はご隠居（＝P／B）を手伝って{やった／くれた}。

この例を見る限り、「談話主題（A）→新登場人物（P）」のコトの授与の場合も「てやる／てくれる」ともに適格になるようである。では、「てやる」と「てくれる」はそれぞれどのような理由で適格になるのだろうか。

まず、「てやる」が適格となるのは、ここでの「てやる」は話し手が当該の事象を談話主題となっている動作主（A）の「与太郎」の立場から見ていることを示すからであろう。

一方、「てくれる」は、一見、話し手が当該の事象を新登場人物である直接的受益者（B）の「御隠居」の立場から見ていることを示しているようにも思えるが、そうではない。この例で「てくれる」が選択されるのは話し手（私）自身が当該の事象の間接的受益者（B）である（与太郎がご隠居を手伝ったことで、私も助かった）場合であり、その場合の「てくれる」は話し手が当該の事象を間接的受益者（B）である話し手自身の立場から見ていることを示すゆえに適格となるのである。

したがって、「A＝談話主題、P＝新登場人物」のコトの授与の場合、「てやる／てくれる」のどちらが選択されるかは、話し手自身が当該の事象の間接的受益者であるか否かにかかっているということになる。以下、この点を実例、及び語感調査を見ながら確認していく。

まず、話し手が当該の事象の間接的受益者になり得るとは感じられない場合、「てやる」が選択される。「てくれる」が選択されるならば、話し手が当該の事象を新登場人物である直接的受益者（B）の立場から見ていることになってしまうからである。

(28) 美しき日々のソンジェ（＝A）は、料理が上手。ヨンス

　　　　（＝P／B）にキムチチャーハンを作ってあげた₁₉｛／くれた₁｝り、遊園地にお弁当を持って行ったり。

(実業之日本社『韓国ドラマの不思議に迫る』)

(29)　小坂の顔は、勝負の結果とは言え、子供から菓子を巻き上げた冷血漢ではなく、最初の印象通りの「良い人」そのものだった。負けた二回はおそらく小坂（＝A）が手心を加えて（子供（＝P／B）に）負けてやった（あげた₁₆）｛／くれた₄｝のだろう。最後の一回勝ったのは、子供に同じ目線で真っ向勝負をしていることを伝えたかったに違いない——こいつ、本当に良い奴かもしれない。

(日明恩『鎮火報』)

　上述二例では、原文も「てあげる（てやる）」を選択しており、語感調査でもそれぞれ20人中19人、16人が「てあげる（てやる）」の方がより相応しいと回答した。その理由は、いずれの例においても話し手自身が当該の事象（「ソンジェがヨンスにキムチチャーハンを作る」、「小坂が子供に負ける」）の間接的受益者（B）になり得るとは感じられないからであろう。

　(28)の場合、少なくとも与えられた文脈からすると、たとえば話し手が「ヨンス」（韓国の芸能人）の大ファンであったとしても、話し手が当該の事象の受益者（B）になり得る可能性は低い。また(29)の場合も、たとえば、賭け事が関係しており、小坂が子供に負けることで話し手が金銭的な利益を得るというような事情があれば、話し手が当該の事象の受益者（B）になる可能性が出てくるが、少なくとも与えられた文脈からこのような事情を想定することは難しい。

　一方、話し手が当該の事象の間接的受益者（B）になり得ると感じられる場合には「てくれる」が選択される可能性も出てくる。ただし、「てやる」が完全に排除されるわけではない。

(30)　「デリアは新進気鋭のデザイナーでしてな」フィリップがアランに説明した。「彼女（＝A）がクリスティーナ（＝P／B）にどんなウエディングドレスをデザインしてくれる₁₀｛／あげる₉｝か、楽しみです」

(ヴァレリー＝パーヴ『シンデレラの契約・伝説の指輪』)

(31) どうしたの？おばあちゃん！おちついてよ。ただ聞いただけじゃない」インゲさん（＝A）は子ども（＝P／B）の話を聞いてくれる₁₆｛／あげる₄｝ような人ではない。「シュタイナーさん、おちついてください。バルコニーは寒すぎますから、すぐにベッドに行きましょうね」

(ヨアヒム＝フリードリヒ『アナ＝ラウラのダンゴ』)

　上述二例では、原文も「てくれる」を選択しており、語感調査でもそれぞれ20人中10人、16人が「てくれる」の方がより相応しいと回答した。いずれの例においても「てくれる」が選択される可能性は十分にありそうである。そしてその理由は、いずれの例においても、話し手が当該の事象（「デリアがクリスティーナにウエディングドレスをデザインする」、「インゲさんが子どもの話を聞く」）の間接的受益者（B）になる可能性が十分にあるからであろう。

　(30)の場合、話し手は当該の事象から「新進気鋭のデザイナーであるデリアがデザインする（素晴らしい）ウエディングドレスを見ることができる」などの恩恵を得ることができるかもしれない。また(31)の場合、当該の事象が起こることによって話し手は現在巻き込まれている混乱から解放される可能性が高い。

　このように、話し手が当該の事象の間接的受益者（B）になり得る場合には「てくれる」が選択される可能性も生じることになる。ただし、そのような場合であっても「てやる」が完全に排除されるわけではない*6。実際、語感調査では、(30)、(31)についてそれぞれ20人中9人、4人が「てやる」の方が相応しいと回答している*7。仮に、これら二例で「てくれる」を選んだ人に「てやる」の方は可能か否かを確認するならば、「てやる」も不可能ではない（が「てくれる」の方がより理想的）という回答が得られるであろう（一方、話し手が当該の事象の間接的受益者（B）になり得ると感じられる可能性が低い(28)、(29)で「てやる」を選んだ人に「てくれる」の方は可能か否かを確認するならば、「てくれる」は不可という回答が予想される）。

以上、「談話主題（A）→新登場人物（P）」のコトの授与の場合について観察した。

3.3　第3節のまとめ

第3節の観察から、三人称同士のコトの授与の場合の話し手の視点の決定のされ方（「てやる／てくれる」の選択のされ方）について次のようにまとめることができる。

「新登場人物（A）→談話主題（P）」のコトの授与の場合、基本的には「てくれる」が選択される。ただし、中立の視点が可能であれば「てやる」が選択されることもあり得る。

「談話主題（A）→新登場人物（P）」のコトの授与の場合、話し手が当該の事象の間接的受益者（B）になり得るとは感じられない場合には「てやる」が選択されるが、話し手が受益者（B）になり得る場合には「てくれる」が選択される可能性も出てくる。

4.「てやる／てくれる」文における二人称の位置付け

第4節では二人称の位置付けの問題について考察したい。「てやる／てくれる」文において二人称と三人称の間には人称による視点の序列（二人称＞三人称）は存在するか否か。これを明確にすることによって、二人称と三人称が（コトの与え手（A）・受け手（P）・受益者（B）として）参与する事象の場合に話し手の視点はどのように決定されるのか（「てやる／てくれる」はどのように選択されるのか）が明らかになることが期待される。

4.1　考察方法

「てやる／てくれる」文における二人称の位置付けの問題を解決するために、ここでは次のような方法を取ることにする。

まず、「てやる／てくれる」文で表される事象のうち二人称と三人称の両方が（A・P・Bとして）参与する（且つ、一人称が参与しない）ものを表1のようにA＝二人称の場合（（ⅰ）〜（ⅲ））とA＝三人称の場合（（ⅳ）〜（ⅵ））に分ける。

その上で、(ⅰ)〜(ⅵ)のそれぞれの場合において「てやる」、「てくれる」が適格となるか否かを観察し、その結果が「二人称＞三人称」の序列が存在すると仮定した場合の予想と一致するか否かを調べる。

表1　二人称と三人称の両方が参与する事象の場合分け＊8

	A	B	P	説明
(ⅰ)	あなた	太郎	太郎	[あなた]の太郎に対する動作が太郎にとって恩恵的
(ⅱ)	あなた	太郎	二郎	[あなた]の二郎に対する動作が太郎にとって(も)恩恵的
(ⅲ)	あなた	太郎	∅	[あなた]の動作が太郎にとって恩恵的
(ⅳ)	太郎	あなた	あなた	太郎の[あなた]に対する動作が[あなた]にとって恩恵的
(ⅴ)	太郎	あなた	二郎	太郎の二郎に対する動作が[あなた]にとって(も)恩恵的
(ⅵ)	太郎	あなた	∅	太郎の動作が[あなた]にとって恩恵的

4.2　「てやる」が適格になる場合、ならない場合

　「てやる」は話し手が当該の事象を動作主(A)の立場から見ていることを示す。したがって、「二人称＞三人称」の人称による視点の序列が存在するならば、表1の(ⅰ)〜(ⅵ)のうち、A＝二人称の場合((ⅰ)〜(ⅲ))には「てやる」文は適格となり、A＝三人称の場合((ⅳ)〜(ⅵ))には不適格となるはずである。そして、実際にその予想の通りになっている。

(32)　使用貸借契約は、対象は賃貸借と同じですが、賃料を取らない場合の契約です。(あなた(＝A)が)友人(＝P／B)に自動車を一日だけ貸してあげたというような場合が、これに当たるでしょう。(ⅰ)

(寺村淳『これで納得！契約の基本』)

(33)　(あなた(＝A)も)PCばっかりしてないで、子供(P／B)かまってあげなよ。(ⅰ)　　(Yahoo!知恵袋(2005年))

(34)　(あいつが)こっそり出歩いてるところ見たら、(あなた

　　　　　（＝A）があいつ（＝P）を）遠慮なく叱ってあげてね。
　　　　　そしたらあいつの父親（＝B）も助かると思うから。（ⅱ）
(35)　教育資金は大切ですので、（あなた（＝A）が子供（＝B）
　　　のために）少しずつ貯めてあげるといいと思います。
　　　（ⅲ）　　　　　　　　　　　　　　　（Yahoo! 知恵袋（2005年））
(36) a ＊太郎（＝A）が君（＝P／B）を褒めてやって、さぞか
　　　　し嬉しかっただろうね。（ⅳ）
　　　b ＊太郎（＝A）が二郎（＝P）を殴ってやって、君（＝
　　　　B）もさぞかしすっきりしただろうね。（ⅴ）
　　　c ＊太郎くん（＝A）も早く立派に成長してやったら（あ
　　　　なた（＝B）も）嬉しいですね。（ⅵ）
したがって、（とりあえずは）「二人称＞三人称」の視点の序列は存在する（すなわち、二人称は一人称の側に位置付けられる；［Ⅰ・Ⅱ］vs.Ⅲ）と言うことができそうである。

4.3　「てくれる」が適格になる場合、ならない場合

「てくれる」は話し手が当該の事象を直接的・間接的受益者（B）の立場から見ていることを示す。したがって、「二人称＞三人称」の視点の序列が存在するならば、「てくれる」文はA＝三人称、且つB＝二人称の場合（（ⅳ）〜（ⅵ））には適格となり、A＝二人称、且つB＝三人称の場合（（ⅰ）〜（ⅲ））には不適格となることが予想される。

まず、（ⅳ）〜（ⅵ）の場合を先に見てみよう。
(37)　「また、教えるよ」のひと言が聞けたら、彼（＝A）があ
　　　なた（＝P／B）を特別扱いしはじめてくれた証拠だと考
　　　えて間違いなさそうです。（ⅳ）
　　　　　　　　　　　　　　（浦野啓子『なぜか「モテる女」の共通点』）
(38)　（阿部さんに対して）家族（＝A）でしょう？阿部さん
　　　（＝P／B）の心の「穴」を埋めてくれるのは…（ⅳ）
　　　　　　　　　　　　　　　　　（今西乃子『ちかい家族とおい家族』）
(39)　（旦那さん（＝A）は）動物園に行っても、自分が本気で
　　　興味を持ちながら子供（＝P）にいろいろ教えてくれるん

でしょう。(あなた(=B)にとって)ありがたいじゃないですか。(ⅴ)

(40) 祖母様も貴方の結婚を楽しみにされていたのではないでしょうか。(祖母様(=A)は貴方(=B)のために)貴方の幸せを誰よりも祈ってくれていると思いますよ。(ⅵ)　　　　　　　　　　　　　(Yahoo!知恵袋(2005年))

このように、(ⅳ)〜(ⅵ)の場合は「二人称>三人称」の序列が存在すると仮定した場合の予想と一致する。

次に、(ⅰ)〜(ⅲ)の場合を観察する。

(41)a　お前(=A)が太郎(=P/B)にお金を貸してくれたのか。(ⅰ)

　　b　君(=A)が二郎(=P)を殴ってくれたから、太郎(=B)もすっきりしたみたいだよ。(ⅱ)

　　c　??お前さん(=A)なぁ、親父さん(=B)のためにも早く立派に成長してくれたらどうなんだ。(ⅲ)

予想に反して、(41)a-bの「てくれる」文は適格である。しかし、このことは「二人称>三人称」の序列の存在を否定するものかと言えば、そうではない。なぜなら、(41)a-bの「てくれる」文は話し手(私)自身が当該の事象の間接的受益者(B)であるという場合にのみ適格となると思われるからである。つまり、(41)a-bの「てくれる」は、実は話し手が当該の事象を話し手(私)の立場から見ていることを示しているのである。二人称(お前、君)を差し置いて三人称(太郎)の立場から見ているわけではない*9。

そこで、(41)a-bから「一人称(私)が当該の事象の間接的受益者(B)である」という可能性を排除することを試みよう。

(42)a　??お前(=A)が太郎(=P/B)にお金を貸してくれたのは実に無駄なことだと思う。(ⅰ)

　　b　君(=A)が二郎(=P)を殴ってくれて、太郎(=B)はすっきりしたみたいだけど、僕はやっぱり嫌な気分だ。(ⅱ)

(42)a-bでは「実に無駄なことだと思う」、「僕はやっぱり嫌な気分だ」などを挿入することで「一人称(私)にとっての恩恵」とい

う解釈を排除することを試みた。その結果、(42)aはたしかにかなり不自然（不適格）になった。しかし、bは依然として不適格とは言えない。これについては、(42)b（及び、(41)b）の「てくれる」は「太郎」の発話の間接引用であると考えておくことにしたい。

(43) 太郎：あの人（(42)bのあなた）（＝A）が二郎（＝P）を殴ってくれて、私（＝B）はすっきりしました。

つまり、(42)bで話し手は当該の事象を二人称（君）を差し置いて三人称（太郎）の立場から見ているのではなく、やはり話し手（私＝(42)bの原発話者の「太郎」）自身の立場から見ているのである。

このような理由から、(41)a–bも「二人称＞三人称」の序列の存在を否定するものではないと考える。

4.4　第4節のまとめ

以上の観察から、「てやる／てくれる」文においては二人称と三人称の間に人称による視点の序列（二人称＞三人称）は存在する（二人称は一人称の側に位置付けられる）と結論付けることができる。

「てやる／てくれる」文：［Ⅰ・Ⅱ］vs. Ⅲ

さて、第3章第5節では「やる／くれる」文と「行く／来る」文における二人称の位置付けについて考察し、「やる／くれる」文においては二人称は一人称の側に位置付けられる（［Ⅰ・Ⅱ］vs. Ⅲ）という結論を得たのであった。つまり、補助動詞「てやる／てくれる」文に認められる「二人称は一人称の側に位置付けられる」という特徴は、本動詞「やる／くれる」文とも共通しているということである。このことは、「やる／くれる」文から「てやる／てくれる」文への拡張（益岡隆志（2001）、楊玲（2008）など）の際に、二人称の位置付けは変化・消失せずに引き継がれたということを意味する。

5. 本章のまとめ

　本章では、授与補助動詞「てやる／てくれる」文における視点の関与の仕方について考察した。

　まず第2節では、「てやる」と「てくれる」の視点のあり方について、「てやる／てくれる」文で表されるコトの授与の事象にはコトの与え手（A）・受け手（P）、そして受益者（B）の三者が参与するということに十分に留意しつつ検討し、次のような結論を得た。

　てくれる　⇒　〈視座：話し手が当該の事象を直接的・間接的受益
　　　　　　　　　者（B）の立場カラ見ている〉ことを示す（B > A）
　てやる　　⇒　〈視座：話し手が当該の事象をコトの与え手（A）
　　　　　　　　　の立場カラ見ている〉ことを示す（A > P, B）

　次に第3節では、話し手が当該の事象を誰の立場から見るかが人称の上位・下位では決まらない場合、すなわち三人称同士のコトの授与において話し手の視点がどのように決定されるのかについて考察した。

　「新登場人物（A）→談話主題（P）」のコトの授与の場合、話し手は基本的には当該の事象を直接的受益者（P／B）である三人称の談話主題か、間接的受益者（B）である話し手（私）自身の立場から見ることになる（「てくれる」）。ただし、中立の視点が可能になることもある（「てやる」）。

　「談話主題（A）→新登場人物（P）」のコトの授与の場合、話し手が当該の事象の間接的受益者になり得るとは感じられない場合には動作主（A）である三人称の談話主題の立場から見ることになる（「てやる」）が、話し手が受益者になり得る場合には間接的受益者（B）である話し手自身の立場から見ることになる可能性も出てくる（「てくれる」）。

　最後に第4節では、二人称の位置付けの問題について考察し、「てやる／てくれる」文においては、「やる／くれる」文と同様、二人称は一人称の側に位置付けられる（［Ⅰ・Ⅱ］vs. Ⅲ）という結論を得た。

＊1 図1（右）の間接ベネファクティブ構文の概念図で「A」から「B」に向かう矢印は「恩恵授与の方向性」を表すものであるから、凡例からすると灰色の矢印で描かれるはずである。これは山田の単純なミスであろう。
＊2 「*私（＝A）が太郎（＝P／B）を褒めてくれた。」のような「てくれる」文が不適格となることからも分かるように、「てくれる」は話し手が当該の事象をコトの与え手（A）の立場から見ていることを示すことはない。
＊3 このことは、「先生が私を叱る」というような事象について考えるとより分かりやすいかもしれない。一人称（私）がこの事象の受益者であるならば「あの時、先生が私を叱ってくれた（おかげで私は成長できた）んです」のように発話されるだろうし、そうでなければ、「てくれる」の使用は避けられる可能性が高く、「あの時、先生が私を叱ったんです」、或いは「あの時、私は先生に叱られたんです」のように発話されることだろう。
＊4 「誰か」が新登場人物で、「太郎」が談話主題であるとする理由については第3章第4節を参照のこと。
＊5 筆者は、2012年6〜7月に、「てやる／てくれる」の選択について簡単ながら日本語話者の語感を調査した。ご協力いただいた神戸市外国語大学外国語学部・大学院外国語学研究科在籍の日本語話者計20名の方々に感謝申し上げる。
　調査方法は、原文で「てやる（てあげる）／てくれる」のどちらが使用されているかを告げずに、提示された文脈においてどちらが相応しいと感じるかを二者択一形式で選んでいただくというものである。ただし、「てやる」の「ぞんざいさ」が協力者の判断に影響を与えることを避けるため、原文が「てやる」を選んでいる場合でも「てあげる／てくれる」の二者択一とした。
　例文（23）–(26)、及び(28)–(31)における下付きの数字は、その調査の際に当該の授与補助動詞を選んだ人数を表している。
　なお、一部の例文については、判断に迷いがあって「てあげる／てくれる」の両方に○を付けた方や（事前の注意事項でそれも可とした。そのような方については、調査結果を処理する際には「てあげる／てくれる」のいずれにもカウントしていない）、未回答の方もいたため、合計が20にならない場合もある。
＊6 話し手が当該の事象の間接的受益者（B）になり得る可能性があるだけでなく、そのことが文中に明示されている場合には「てくれる」が選択されることになり、「てやる」は完全に排除される。
　　（i）　インゲさんが子どもの話を聞いて｛*やった／くれた｝ら、こっちも助かるんだけど。
＊7 常識的に考えて、(31)について「てやる」の方が相応しいと回答した4人（20人中）という人数を「多い」と評価することはできないであろう。ただし、原文は「てくれる」を選択しているにもかかわらず5人に1人が「てやる」を選択したという事実を全く無視することはできないと思う。
＊8 表1で「あなた」は二人称、「太郎・二郎」は三人称の代表である。
＊9 なお、(41)cの「てくれる」も話し手が当該の事象（お前さんが成長する）の間接的受益者（B）であるという解釈が得られれば適格となり得るが、与えられた文からそのような解釈を得ることはやや難しい。(41)cが不適格とまでは言えないものの、a–bに比べると適格性が落ちるのはそのためであろう。

第5章
ヴォイスと視点

1. はじめに

「やる／くれる」文や「行く／来る」文、そして「てやる／てくれる」文に続いて、本章ではヴォイスと視点の関わりについて考察していく。

1.1 受動文の分類

本章では、ヴォイスを表す文の中でも特に受動文を対象とし、これに視点がどのように関与するかを考察する。そこで、具体的な考察に入る前に本書で採用する受動文の分類を簡単に示しておく。

日本語の受動文には幾つかの分類方法が考えられるが、本書では受動文を「ニ受動文」、「ニヨッテ受動文」、「間接受動文」の三つに分類するという考え方を採りたい。これは、受動文をまずは対応する他動詞文を有するか否かに基づいて直接受動文と間接受動文の二つに分類し、直接受動文は動作主が助詞「に」と「によって」のどちらで標示されるかに基づいてさらにニ受動文とニヨッテ受動文に下位分類するという考え方である。

(1) 太郎が次郎に殴られた。
(2) a　フェルマーの最終定理がワイルズによって解決された。
　　 b　食事が（?料理長によって）作られた。
(3) a　私は足を踏まれた。
　　 b　財布を盗まれた。
　　 c　一生懸命に描いた絵を友達にけなされた。
　　 d　隣の赤ちゃんに泣かれた。
　　 e　雨に降られた。

(1)はニ受動文、(2)a-bは動作主が文中に顕現しやすい場合

(a)としにくい場合(b)の別なくニヨッテ受動文、(3)a–eはいずれも間接受動文である。なお、(3)aなどは「(誰かが)私の足を踏む」という事象が「私」にもたらす影響は多分に直接的であるという意味では直接受動文と見なすこともできるかもしれないが、本書では形式的に対応する他動詞文を持たないという点をより重視してこれも間接受動文に含めることにする。

1.2　問題の所在（1）
　　　　ヴォイスに関与する視点の意味について

　他動詞文では動作主に、ニ受動文では被動作主に視点があるという説明がなされることがよくある（奥津敬一郎（1983a, 1992）など多数）。つまり、次に挙げる(4)a–bのうち、他動詞文(a)では動作主（ホセ）に、ニ受動文(b)では被動作主「カルメン」にそれぞれ視点があるというわけである。

(4)　a　ホセがカルメンを殺す！（他動詞文）
　　　b　カルメンがホセに殺される！（ニ受動文）

このように考えることで、たとえば次の(5)、(6)のようなニ受動文が不適格になる理由を説明することが可能になる。

(5)　*太郎は私に殴られた。
(6)　*大阪城は豊臣秀吉に建てられた。

　これらのニ受動文が不適格となるのは、いずれも非一人称、［−有情］といった（一人称、［＋有情］と比べて）視点の序列が下位である存在が主語（受動文の被動作主）の位置を占めているからである。

　しかし、動作主／被動作主に視点があると言うときの「視点」とは具体的に何を意味するのだろうか。また、ヴォイス（他動詞文／ニ受動文）の選択に関与する「視点」は第3章や第4章で考察した「行く／来る」文や「やる／くれる」文、そして「てやる／てくれる」文に関与する視点と関連性を有するのだろうか。ここでも、視点の中身がどうしても問われなければならない。さもなければ、渡辺伸治（1999: 390–391）が鋭く指摘しているように、動作主／被動作主に視点があるという説明は「主語→視点」の言い換えに過ぎ

ないということになりかねない。

　また、ニ受動文（他動詞文／ニ受動文の選択）に比べると、ニヨッテ受動文や間接受動文は視点との関係で論じられることが比較的少なかったように思う。しかし、ニ受動文・ニヨッテ受動文・間接受動文の三者が異なるタイプの受動文である以上、三者それぞれに対する視点の関与の仕方にも相違点が見られて然るべきである。

　たとえば、次のようなニ受動文とニヨッテ受動文の相違に注目していただきたい。

(7) a ＊大阪城は豊臣秀吉に建てられた。（ニ受動文）（＝(6)）
　　 b 　大阪城は豊臣秀吉によって建てられた。（ニヨッテ受動文）

(7)aとbはいずれも「豊臣秀吉が大阪城を建てた」という事象について受動文を用いて言語化したものであるが、ニ受動文（a）は不適格になり、ニヨッテ受動文（b）は適格になる。言うまでもなく、ニ受動文が不適格となるのは「豊臣秀吉」よりも視点の序列が下位である「大阪城」（［－有情］）が主語の位置を占めているからであるが、同じように「大阪城」が主語の位置を占めていてもニヨッテ受動文は適格である。

　このような現象からも、ニ受動文とニヨッテ受動文に対する視点の関与の仕方は異なるものと考えられる。同じように、間接受動文に対する視点の関与の仕方もニ受動文やニヨッテ受動文とは相違点が見られる可能性がある。

　したがって、ニ受動文・ニヨッテ受動文・間接受動文のそれぞれに視点がどのように関与しているかが一つずつ検討される必要がある（ただし、本章ではニ受動文→間接受動文→ニヨッテ受動文の順番で取り上げることにする）。

1.3　問題の所在（2）
　　　　ヴォイスの選択に対する視点の関与の仕方の程度について

　他動詞文／受動文に視点があるという考え方によって、たしかに、次のような他動詞文・ニ受動文がいずれも不適格（ないし不自然）になる理由について合理的な説明を与えることができる。

（8）＊本能寺は日隆に建立された。
（9）？風が花子を吹き飛ばした。
（10）＊太郎は私に殴られた。

　これらの他動詞文・ニ受動文が不適格（不自然）であるのは、いずれも動作主／被動作主のうち視点の序列が下位である［−有情］（本能寺、風）や非一人称（太郎）が主語の位置を占めているからである。

　また、次の例のように、日本語では複文の従属節と主節の主語が一致している方が自然に感じられる傾向があり、これがニ受動文を選択する（／しない）動機となることがあるが、これについても、動作主／被動作主に視点があるという考え方をもって説明が与えられることが多いようである。

（11）a　太郎は宿題を忘れたので、先生に叱られた。
　　　 b　??太郎は宿題を忘れたので、先生は太郎を叱った。

　つまり、(11)aは文全体において一貫して「太郎」に視点があるため自然に感じられるのに対して、bは従属節と主節で視点が分裂している（従属節では「太郎」に視点があり、主節では「先生」に視点がある）ため不自然に感じられるというわけである。これを視点固定の原則と言う（奥津（1983a: 78）、原田寿美子（1995）など）。

　しかし、ある種の他動詞文・ニ受動文は視点の序列が下位の存在が主語の位置を占めているにもかかわらず適格と認められることがある。

（12）　本能寺は1582年に光秀に焼かれたんですよ。
（13）　その時、太郎は私を殴った。

　また、視点固定の原則を遵守していないにもかかわらず文全体が適格と認められることがある。

（14）　太郎が宿題を忘れたので、先生は太郎を叱った。（cf.
　　　　(11)b）

　これらの現象は、ヴォイス（他動詞文／ニ受動文）の選択と視点の関わりについて「「一人称＞二・三人称」などの視点の序列や視点固定の原則はヴォイスの選択にどの程度強く関与するのか」とい

う問題を提起する。

1.4　本章の構成

上述のような問題意識に基づいて、本章の考察は、以下、次のように構成される。

まず、第2節では、他動詞文では動作主に、ニ受動文では被動作主にそれぞれ視点があると言うときの「視点」の意味について改めて検討する。

そして、第3節では単文レベルで見たときに視点の序列はヴォイス（他動詞文／ニ受動文）の選択にどの程度関与するのかについて、第4節では複文レベルで見たときに視点固定の原則はどの程度ニ受動文を選択する（／しない）動機になり得るのかについてそれぞれ考察する。

さらに、第5節と第6節では、間接受動文とニヨッテ受動文にはそれぞれどのような意味で視点が関与するのかについて検討する。

2.「視点」の意味　ニ受動文の場合

第2節では、他動詞文／ニ受動文では動作主／被動作主にそれぞれ視点があると言うときの「視点」とは実際には何を意味しているのかについて検討する。

まず注目したいのは、日本語では動作主／被動作主のうち一人称・［＋特定］・［＋有情］の存在（など）を主語の位置に据えることを旨としてヴォイス（他動詞文／ニ受動文）の選択が行われる傾向が強いという点である。

(15)　（事象：私が新一に話しかけた）
　　a　私は新一に話しかけた。
　　b　*新一は私に話しかけられた。
(16)　（事象：新一が私に話しかけた）
　　a　??新一は私に話しかけた。
　　b　私は新一に話しかけられた。
(17)　（事象：園子が誰かに話しかけた）

a　園子は誰かに話しかけた。
　　　b　*誰かが園子に話しかけられた。
(18)　(事象：誰かが園子に話しかけた)
　　　a　誰かが園子に話しかけた。
　　　b　園子が誰かに話しかけられた。
(19)　(事象：元太がコップを割る)
　　　a　元太はコップを割った。
　　　b　?コップが元太に割られた。
(20)　(事象：照明が歩美を照らす)
　　　a　?照明が歩美を照らした。
　　　b　歩美は照明に照らされた。

　また、日本語では複文の従属節と主節、或いは連続する二つ(以上)の文や節の主語が一致している方が自然に感じられる傾向があり、これがニ受動文を選択する(／しない)動機となることがあるという事実(＝視点固定の原則)にも改めて注目したい。

(21) a　太郎は宿題を忘れたので、先生に叱られた。(＝(11)a)
　　 b　??太郎は宿題を忘れたので、先生は太郎を叱った。(＝(11)b)
(22) a　「あ、ネコが死んでいる！」「車に轢かれたみたいだね。」
　　 b　??「あ、ネコが死んでいる！」「車が轢いたみたいだね。」

　結論から先に述べるようであるが、これら二つの事実はいずれも、ヴォイスの選択には〈視座：話し手が当該の事象を誰(動作主／被動作主)の立場カラ見ているか〉という意味で視点が関与していることを示しているように思われる。

　　ニ受動文：話し手が当該の事象を被動作主の立場カラ見ていることを示す
　　他動詞文：話し手が当該の事象を動作主の立場カラ見ていることを示す

　誰にとっても「私」自身(一人称)の立場からモノ・コトを見るのは比較的容易であるが、他人(二・三人称)の立場から見るのは難しい。同様に、[＋特定]や[＋有情]の存在の立場からモノ・コトを見るのは、[－特定]や[－有情]の存在の立場から見るの

に比べると比較的易しい。また、もともとあるモノ・コトをA地点から見ていたとして、そこからわざわざB地点に移動して同じモノ・コトを見ることにするというのは誰にとっても多かれ少なかれ負担に感じられるものである。やはり、一度どこから見るかを決めたならばできるだけそこから移動したくないと考えるのが人間として自然である。したがって、ヴォイスの選択には〈視座〉が関与すると考えるならば、他動詞文／ニ受動文の主語の位置は「私」が占めやすいというのも、視点固定の原則がニ受動文を選択する（／しない）動機になり得るというのもごく自然に説明がつくことになる。

図1 「視点」の意味：他動詞文／ニ受動文の場合

以上の考察から、他動詞文／ニ受動文には動作主／被動作主にそれぞれ視点があるというときの「視点」とは〈視座〉のことであるということが明らかになった。

3. ニ受動文と視点（1） 視点の序列

第3節では、「一人称＞二・三人称」、「［＋特定］＞［－特定］」、「［＋有情］＞［－有情］」といった視点の序列（久野暲（1978）、奥津（1983a, 1992）など）はヴォイス（他動詞文／ニ受動文）の選択にどの程度関与するのかという問題について考察したい。なぜなら、たしかに日本語では当該の事象を一人称・［＋特定］・［＋有情］といった視点の序列が上位の存在の立場から見ることを旨としてヴォイスの選択が行われる傾向が強いと言うことができるが、1.3節で挙げた（12）、（13）なども示しているようにこの原則だけでヴォイスの選択のすべてについて合理的な説明が得られるわけではないからである。

3.1 一人称＞二・三人称

あるモノ・コトを「私」自身（一人称）の立場から見るのは誰に

とっても比較的容易である。このことから、次の（23）、（24）のように「私」が主語の位置を占める他動詞文・ニ受動文はすべて適格となる。

(23) 私は太郎を叱った。

(24) 私は太郎に叱られた。

しかし一方で、この序列に違反している他動詞文・ニ受動文がすべて不適格になるかと言えば、必ずしもそうとは限らない。

たしかに、非一人称主語のニ受動文（一人称を差し置いて非一人称が主語の位置を占めている受動文）は単文レベルではすべて不適格となる。

(25)a ＊太郎が私に叱られた。

b ＊花子が僕に電話をかけられた。

c ＊昨夜、花子が私にプロポーズされた。

しかし、非一人称主語の他動詞文は必ずしも不適格になるとは限らない。

(26)a ＊花子ガ私ニ電話ヲカケタ。

b 昨夜、太郎ガ私ニプロポーズシタ。

(a–bとも久野（1978: 177–178））

では、不適格になる（26）aと適格になるbとの違いはどこにあるのか。これについて、久野（1978: 176–178）は、他動詞の中には主語寄り・目的語＊1寄りのいずれの視点も取ることができる動詞（例：呼ぶ、非難する、ほめる、質問する、言う）と、目的語寄りの視点を取るのが難しい動詞（例：訪ねる、送る、教える、招待する、電話をかける）があると述べており、非一人称主語の他動詞文が適格となるか否かは動詞の種類によると考えているようであるが、なぜ他動詞が視点制約の点で二種類に分かれるのかについては「今の処明らかでない」と述べており、議論はここで止まっている。

そして、この問題についてより詳細に検討しているのが山田敏弘（2004）である。山田もやはり動詞の種類を手掛かりに記述しており、非一人称主語の他動詞文が不適格となる動詞として以下のような例を挙げている（p.55）。

（ⅰ） 主体位置変化動詞：近づく、向かう、出る、入る…

（ⅱ）　言語付随主体移動動詞：話しかける、言い寄る、詰め寄る…
（ⅲ）　無対対象移動動詞：送る、電話をかける、届ける、提供する…
（ⅳ）　有対対象移動動詞：預ける、教える、貸す、売る…
（ⅴ）　発話内容移動動詞：話す、挨拶する…
（ⅵ）　態度的働きかけ動詞：招待する、誘う…

　反対に、これら以外の動詞であれば非一人称主語の他動詞文であっても適格になりやすい。

　ここまでで、非一人称主語のニ受動文はすべて不適格になるのに対して、非一人称主語の他動詞文は適格になる場合と不適格になる場合がある（そして、適格となるか否かを決定する主要な要素は動詞の種類である）ということが明らかになった。このことから、ニ受動文には話し手の視点が比較的強く関与するのに対して、他動詞文に対する視点の関与の仕方は相対的に弱いと言うことができる。では、なぜそのようになるのか。

　その理由は、久野（1978: 163）が「受動文では、わざわざ行為主体を主語の位置から外し、行為対象を主語の位置にすえるのであるから、話し手は、この構文パターンを用いる時は、何か特別な理由、即ち、行為対象に対する視点的接近が無ければならない」（下線は筆者による）と述べているように、ニ受動文の有標性によるものと思われる。つまり、非一人称主語のニ受動文は視点の序列に違反することを動機としてわざわざ選択されたと見なされることになるため、これはどうしても許容されないのである。一方、非一人称主語の他動詞文はわざわざ選択されたものではないため、許容されることがある。

　ただし、「花子ガ私ニ電話ヲカケタ。」（＝(26)a）を単文レベルで容認する日本語話者もいるかもしれないし、反対に「昨夜、太郎ガ私ニプロポーズシタ。」（＝(26)b）を単文レベルでは容認しない日本語話者もいることだろう。したがって、久野（1978）や山田（2004）の試みは、非常に価値あるものであるとはいえ、あくまで非一人称主語の他動詞文が容認されやすい動詞と容認されにくい動

詞の傾向を示したものにすぎないということには留意する必要がある。

このような点も念頭に置いた上で、ここでは、「一人称＞二・三人称」の視点の序列がヴォイスの選択にどの程度関与するかについて次のように整理したいと思う。

（ⅰ）　非一人称主語のニ受動文はすべて不適格となる。
（ⅱ）　非一人称主語の他動詞文は容認される余地がある。これが適格となるか否かは述語動詞の種類によるところが大きい。

3.2　［＋特定］＞［－特定］

（やや唐突ではあるが）あまり明るくない夜の道を歩いているとする。そして、向こう側から「誰か」（［－特定］の存在）が歩いて来ているとする。この時点では、多くの人がその「誰か」になど特別な興味・関心を覚えないか、夜の道ゆえ多少の警戒を覚えるかのどちらかであろう。しかし、しばらくしてそれが知り合いの「太郎君」（［＋特定］の存在）だということが分かったとしたらどうだろうか。きっと「ああ、太郎君か」ということで多かれ少なかれ親近感を抱きやすくなるのではないだろうか。

さて、「親近感を抱きやすい」というのは「あるモノ・コトをその人の立場に立って（その人の立場から）見るのが比較的容易である」ということでもある。つまり、誰にとっても、あるモノ・コトを［＋特定］の存在の立場から見るのは［－特定］の立場から見るよりも容易であるということである。では、この「［＋特定］＞［－特定］」の視点の序列はヴォイスの選択にどの程度関与するのだろうか。

まず、［＋特定］の存在が主語の位置を占める他動詞文・ニ受動文はすべて適格になるということを確認しておく。

（27）　太郎は誰かを殴った。
（28）　太郎は誰かに殴られた。
（29）　吉崎鉄男は誰かをかばっているんじゃないでしょうか。
　　　　　　　　　　　　　　　　　　　　（小杉健治『影の核心』）
（30）　勾当内侍は何者かに連れ去られたのであった。

(新田次郎『新田義貞下巻』)

一方、[−特定] の他動詞文・ニ受動文については、[−特定] のニ受動文はほとんどすべて不適格となる。

(31) *見知らぬ人が太郎に殴られた。
(32) *誰かが先生に怒鳴られた。*2

しかし、次の例のように [−特定] の他動詞文はいずれも視点の序列に違反しているにもかかわらず適格となる。

(33) 何者かが、山本が、現場近くにいる時を狙って、小野木ユミを殺し、矢野を殺したことになる。

(西村京太郎『日本海殺人ルート』)

(34) 何者かが林に中学生を引きずり込もうとしたとの情報もあった。　　　　　　　　　　　　(『中国新聞』2005/12/3夕刊)

[−特定] の他動詞文がすべて適格となる理由は、久野 (1978: 173–174) が説明しているように、これは「意図的な視点制約違反」ではなく「怠慢」によるものだからである。つまり、話し手は本来なら「中学生が何者かに林に引きずり込もうとされた」のように [＋特定] の被動作主を主語の位置に据えたニ受動文を選択するべきであるが、ニ受動文はその有標性ゆえに生産するのに「コスト」がかかるため、そのコストに免じて他動詞文を選択する（ニ受動文を選択しない）という怠慢が許されるというわけである。

また、同じく視点の序列に違反している文でありながら [−特定] のニ受動文が不適格となるのに対して [−特定] の他動詞文なら許容されるのは、ニ受動文が有標の構文であるということと同時に、他動詞文が無標の構文であるということも関係している。ただし、非一人称主語の他動詞文が無標の構文であっても述語動詞の種類によっては不適格となるのに対して [−特定] の他動詞文はすべて適格となるという事実は、一つの特徴として記しておいてよいだろう。

3.3　[＋有情] > [−有情]

あるモノ・コトを自分以外の人間（例：太郎君）や動物（特にペットや家畜になりやすい動物）の立場から見てみようと思う人は

いるとしても、生命を持たないモノ（例：机、テレビ、本）の立場から見てみようと思う人はほとんどいないだろう（親がモノを大切に扱わない幼い子どもに対して「消しゴムさんがかわいそうでしょう」などと言って、子どもにモノの立場に立ってみることを促すなどということはあり得るが、例外的であると言えよう）。では、「［＋有情］＞［－有情］」の序列はヴォイスの選択にどの程度関与するだろうか。

　まずは、やはり［＋有情］の存在が主語の位置を占める他動詞文・ニ受動文はすべて適格になるということを確認しておく。

（35）　太郎がプレッシャーを吹き飛ばした。
（36）　太郎がプレッシャーに押しつぶされた。

では、一方の［－有情］の他動詞文・ニ受動文は実際にはどの程度厳密に不適格と見なされるのだろうか。

【［－有情］の他動詞文】

　ここに、［－有情］の他動詞文の例を対応するニ受動文とともに幾つか挙げてみる。

（37）a　?苦しみが太郎を襲った。
　　　b　太郎は苦しみに襲われた。
（38）a　?風が太郎を吹き飛ばした。
　　　b　太郎は風に吹き飛ばされた。
（39）a　?照明が太郎を照らした。
　　　b　太郎は照明に照らされた。
（40）a　?流れ矢が太郎を襲った。
　　　b　太郎は流れ矢に襲われた。

これら［－有情］の他動詞文（(37)–(40) のa）をどのように評価するかは非常に難しい。対応するニ受動文との比較においてこれら［－有情］の他動詞文は適格性が落ちると言うことができるが、これらの文を単独で見たときに不適格とまでは言い切れないというのもまた事実である。

　とはいえ、対応するニ受動文があらゆる場所において出現可能であるのに対して、［－有情］の他動詞文は出現しやすい場所が小説

などの書き言葉に限られ、話し言葉では出現しにくいようである。実際、次のように実例の中にも［－有情］の他動詞文を見出すことができるが、やはり書き言葉（小説の地の文）である。

(41)　レントゲン室のランプだけが、ぼんやりと私たちを照らしていた。　　　　　　（小川洋子『博士の愛した数式』）

この点は、「あの時は太郎が私を叩いたんよ」、「あの時は誰かが次郎をたたき起こしたみたいなんよ」のような非一人称主語の他動詞文や［－特定］の他動詞文が話し言葉の中でも比較的出現しやすいのとは事情が異なる。

しかも、この文は次に示すように「私たち」が位置している「診療所」の様子を一つひとつ描写するという文脈の中に出現している。

(42)　座っているだけで気分がふさいでくるような、古びた診療所だった。天井はくすみ、スリッパは垢がしみてぺたぺたし、壁に貼られた離乳食教室や予防注射の案内はどれも黄ばんでいた。<u>レントゲン室のランプだけが、ぼんやりと私たちを照らしていた。</u>

この例の最後の一文でニ受動文（私たちはレントゲン室のランプに照らされていた）ではなく［－有情］の他動詞文が選択されているのは、この文脈全体が「診療所」の様子を一つひとつ描写していくことに重点を置いているからであろう。つまり、ここでの［－有情］の他動詞文は、単文レベルで適格となっていると言うよりは、文脈の支えによって適格となっているのである。

以上の観察から、［－有情］の他動詞文は、不適格とまでは言えないものの、単文レベルでは対応するニ受動文と比べると適格性が落ちる上に、出現する場所の点でも制限を受けると言うことができる。このことから、本書では、［－有情］の他動詞文は単文レベルでは限りなく不適格に近いと考える。

【［－有情］のニ受動文】

［－有情］のニ受動文は基本的には不適格になるはずであるが、この予想とは裏腹に、「モナリザの絵が太郎に盗まれた。」のように［－有情］のニ受動文が適格となる場合もある。このような事情か

ら、［－有情］のニ受動文が適格となるのはどのような場合であるか、なぜ適格となるのかという点が先行研究でも盛んに議論されている。

　まず、奥津（1983a）は、（現代日本語ではなく『枕草子』と『徒然草』を調査対象としているが）［－有情］の受動文では［＋有情］の動作主が文中に顕現しないことが多く、［－有情］の被動作主は［＋有情］の動作主との共存を避けられるからこそ主語の位置に据えられることができるという興味深い論を展開している。

（43）　文保に<u>三井寺</u>焼かれし時……　（奥津（1983a: 76）、『徒然草』）

　奥津の調査によると、すべての直接受動文のうち「［＋有情］の動作主が文中に顕現する［－有情］の受動文」が占める割合は、『枕草子』で2.6％、『徒然草』で1.5％にすぎないとのことである（奥津（1983a: 68, 74））。

　ただし、奥津の研究にはニ受動文とニヨッテ受動文を区別していないという問題点がある。その証拠に、「［＋有情］の動作主が文中に顕現しない［－有情］の受動文」の例として、次のようなニヨッテ受動文も挙げている。

（44）　<u>公事</u>ども繁く、春の急ぎにとり重ねて、催し行はるるさまぞいみじきや。　　　　（奥津（1983a: 76）、『徒然草』*3）

　ニヨッテ受動文に対する視点の関与の仕方については第6節で改めて取り上げるとして、ここでは、以下、［－有情］のニ受動文について論じている先行研究をあと二つほど概観しておく。

　まず、益岡隆志（1991）は、文中に顕現する被動作主が［－有情］であっても、当該の事象そのものから影響を受ける［＋有情］の「潜在的受影者」が想定できる場合は［－有情］の受動文が成立するということを指摘している。

　そして、天野みどり（2001）は、益岡の潜在的受影者の議論を受けて、「事象の意味」と「ガ格名詞句のモノの意味」の二つの面から潜在的受影者が想定できる（＝［－有情］のニ受動文が成立する）のはどのような場合であるかを具体的に示している。

　前者については、当該の受動文が「評価」、「喪失」、「状態変化」のような事象を表す場合に潜在的受影者が想定できるとしている。

(45) a 自慢の髪型が、友人に褒められた。
　　 b この街は（／が）K大佐に破壊された。
　　 c 立入禁止のテープが、野ざるに引きちぎられた（／?引っ張られた）。　　　　　　　（a–cとも天野（2001: 4））

　後者については、[－有情]のガ格名詞句が「誰かの所有物」、「誰かの身体部位」、「誰かの行為を表す名詞句」であることが想起できる場合や、「非特定的な関連人物を喚起させる」場合に潜在的受影者が想定できるとしている。

(46) a あの絵が子供に引き裂かれた。
　　 b 自慢の髪型が、友人に褒められた。（＝(45)a）
　　 c 仕事が、隣の友人にさまたげられた。
　　 d この街は（／が）K大佐に破壊された。（＝(45)b）
　　　　（a–dとも天野（2001: 5）。ただし、aは益岡（1991: 197）から天野が引用したもの）

　これらの先行研究を総合すると、「[－有情]の受動文が成立するのは潜在的受影者が想定できる場合であり、また、[＋有情]の動作主が文中に顕現しない場合には自然さをより増すことになると言えそうである*4。

　実際、天野（2001）が挙げている幾つかの例は、ニ格動作主を削除することでより自然さを増すことになる。

(47) a あの絵が引き裂かれた。
　　 b 仕事がさまたげられた。

　では、[－有情]のニ受動文が条件付きで成立するという事実について、視点研究の立場からはどのように考えるべきであろうか。

　これについては、従来、「潜在的受影者」などの条件が「[＋有情]＞[－有情]」の視点の序列を帳消しにするという考え方が一般的であったように思われる。しかし、本書では「帳消し」という考え方は採用しない。なぜなら、[－有情]の他動詞文が単文レベルでは限りなく不適格に近いことからも分かるように、この序列は比較的厳格なもので、容易に帳消しにすることができないと思われるからである。

　そこで本書では、「帳消し」という考え方の代わりに、[－有情]

第5章　ヴォイスと視点　131

のニ受動文は話し手が潜在的受影者の立場から当該の事象を見ていることを示すと考えることにしたいと思う。潜在的受影者は［＋有情］の存在であるから、こうすることで視点の序列に違反することを避けることができる。

（48）　自慢の髪型が友人に褒められた。（「私」が潜在的受影者）

以上の考察から、単文レベルで見たときに「［＋有情］＞［－有情］」の視点の序列がヴォイスの選択にどの程度関与するかについて、以下の点が明らかになった。

- （ⅰ）　［－有情］のニ受動文は基本的に不適格である。ただし、動作主よりも視点の序列が上位の潜在的受影者の存在が想定できる場合に限り適格となる。
- （ⅱ）　［－有情］の他動詞文は単文レベルでは限りなく不適格に近い。

3.4　第3節のまとめ

第3節では、「一人称＞二・三人称」、「［＋特定］＞［－特定］」、「［＋有情］＞［－有情］」といった視点の序列がヴォイスの選択にどの程度関与するかについて考察した。ここで明らかになった事柄を表にまとめるならば次のようになる。

表1　視点制約違反の文の適格・不適格

	視点制約違反のニ受動文	他動詞文
一人称＞二・三人称	×	○／×（動詞による）
［＋特定］＞［－特定］	×	○（「怠慢」が許容される）
［＋有情］＞［－有情］	×（動作主より視点の序列が上位の潜在的受影者が想定できる場合に限り可）	×（限りなく不適格に近い）

視点の序列に違反しているニ受動文はほとんど不適格となるが、他動詞文はそれでも適格となる場合がある。これは、他動詞文は無標の文であるのに対してニ受動文は有標の文であることによる。

また、三つの視点の序列の中で「［＋有情］＞［－有情］」が最も厳

格である。奥津（1983a）はまずこの視点の序列に着目して議論を進めているが、これは至極もっともなことであると言うことができる。

4. ニ受動文と視点（2） 視点固定の原則

　視点固定の原則についてもすでに数多くの先行研究で議論がなされている。

　久野（1978）は「*ジョンがメアリーに批判された時、彼女は彼に顔を平手打ちされた。」という不適格文の例を挙げて、「視点の一貫性」の原則は単文ごとに適用されるのみならず複文全体（従属節－主節）にも適用されると主張している（pp.156–159）。奥津（1983a）も『枕草子』と『徒然草』の例を引きながら、主語固定の原則が受動文を選択する動機になり得るということを指摘している（p.78）。また、原田（1995）は日本語と中国語の受動文の対照研究の立場から、日中・中日対訳の小説から数多くの例文を採取した上で、日本語には「全文の視点を統一する傾向」が見られるのに対して中国語の場合は「一つの文における視点の一貫性」の原則が成立しないようだと述べている。

　このように視点固定の原則の存在について指摘している先行研究はすでに数多く存在するのだが、この原則がヴォイスの選択にどの程度関与するのかについて詳しく議論したものはほとんどない。そのため、現状では「太郎が宿題を忘れたので、先生は太郎を叱った。」のように視点固定の原則を遵守していないにも関わらず適格となる文の存在について合理的な説明を与えることができない。

　ただし、そのような中にあって野田尚史（1995）はこの点について大きな手掛かりを与えている。野田は「現場依存の視点」と「文脈依存の視点」という概念を導入し、独立文や独立度が高い従属節ではいわゆる「私・今・ここ」を基準とした現場依存の視点が適用されるため「*彼女は私に声をかけられた。」は不適格であるが、従属度が高い従属節では文脈によって設定された場を基準とする文脈依存の視点が適用されるため「（あなたは）私に声をかけられたとき、どう思った？」は適格であると述べている。

野田の議論の中で特に注目に値するのは、従属節の従属度という点に着目して文脈依存の視点が適用される（=視点固定の原則が遵守される）*5 のはどのような場合であるかについて考察を行っているところである。ただし、ヴォイス形式のみならずテンス形式やムード形式も考察の対象としているため、ヴォイスの選択と現場依存の視点・文脈依存の視点の関係に特化した詳しい説明はなされていない。

そこで第4節では、従属節の従属度に着目するという野田の観点を受け継ぎつつ、複文レベルで見たときに視点固定の原則がヴォイスの選択に実際にはどの程度関与するかについて詳細に考察していく。

4.1 従属節の従属度

従属節の主節に対する従属度が高ければ高いほど視点固定の原則がより強く働くというのは、考えてみれば当然のことである。ただし、このことを妥当な形で証明するためには、従属節を主節に対する従属度に応じて分類した上で、視点固定の原則が実際にはどの程度＝受動文を選択する（／しない）動機となるかについて詳細に観察していく必要がある。とはいえ、複文の分析そのものは本書の目的ではないので、ここでは筆者自ら分類を行うのではなく、田窪行則 (1987) の従属節の分類を借用させていただくことにする*6。

田窪 (1987) は従属節をA類からD類までの四つの「階層」に分類し、それぞれ次のような接続形式（接続助詞）をとり得るとしている (pp.38-39)。

 A類：—て（様態）、ながら（同時動作）、つつ、ために、まま、ように（目的）……

 B類：—て（理由、時間）、れば、たら、から（行動の理由）、ために（理由）、ので (?)、ように（比況）……

 C類：—から（判断の根拠）、ので、が、けれど、し、て（並列）……

 D類：と（引用）、という

この階層は従属節の主節に対する従属度を表しており、A類は従

属度が非常に高く、B類、C類、D類の順に従属度が低くなっていく。したがって、視点固定の原則もA類では非常に強く関与し、B類、C類、D類の順に関与の程度が弱くなっていくことが予想される。

4.2 従属度と視点固定の原則

以下の部分では、4.1節で示した従属節の分類に基づいて、A・B・C・D類それぞれの従属節を含む複文において視点固定の原則がヴォイスの選択にどの程度関与するかについて観察していく。

4.2.1 A類従属節

A類従属節は主節の述語を直接に修飾する働きをするものであり、従属節と主節の主語は同一であるのが当然である。

(49) a 田中君はいつも、ラジオを聞きながら、英語の勉強をする。
　　 b ＊田中君がラジオを聞きながら、鈴木君が英語の勉強をする。

そのため、A類従属節を含む複文の場合、視点固定の原則を遵守しなければ必然的に文全体が不適格となる。つまり、A類従属節には視点固定の原則が非常に強く関与すると言うことができる。

(50) a ＊母親が太郎を連れて、太郎は幼稚園に行った。
　　 b 太郎は母親に連れられて、幼稚園に行った。
(51) a ＊みんなが太郎を見守りながら、太郎はここまで成長した。
　　 b 太郎はみんなに見守られながら、ここまで成長した。

4.2.2 B類従属節

A類ほどではないにせよ、B類従属節の主節に対する従属度も比較的高いと言える。その根拠の一つは、従属節と主節の主語が異なる場合、助詞「は」が従属節の内部に侵入できないという点である。

(52) a 私が（／＊は）会社をやめたら、社長は困るだろうか。
　　 b 私が（／＊は）お肉を忘れたから、みんなは「肉なしカレー」を作った。

したがって、B類従属節を含む複文にも視点固定の原則が強く関与することが予想されるが、中でも、「〜て（理由・時間）」には視点固定の原則が非常に強く関与するようである。

(53) a ＊太郎が宿題を忘れて、先生は太郎を叱った。
　　 b 　太郎は宿題を忘れて、先生に叱られた。

(53)aから、「〜て」節にはA類従属節と同程度に視点固定の原則が関与すると言うことができる。

しかし、「〜れば」、「〜から」など「〜て」以外のB類従属節の場合、視点固定の原則を絶対的に遵守しなければならないとまでは言えないようである。

(54) a 　太郎が宿題を忘れれば（／たら）、先生は太郎を叱るだろう。
　　　　（cf. 太郎は宿題を忘れたら、先生に叱られるだろう。）
　　 b 　太郎が宿題を忘れたから（／ので）、先生は太郎を叱った。
　　　　（cf. 太郎は宿題を忘れたので、先生に叱られた。）

上の例が示しているように、従属節の主語を「が」で標示するならば視点固定の原則を遵守していなくても文全体は適格となる。

とはいえ、一方では、(B類従属節の性質上)従属節の主語を「は」で標示し、且つ視点固定の原則の遵守を避けることはできない。

(55) a ＊太郎は宿題を忘れれば（／たら）、先生は太郎を叱るだろう。
　　 b ＊太郎は宿題を忘れたから（／ので）、先生は太郎を叱った。

(54)a–bと(55)a–bの両方を考慮に入れて、ここでは、「〜て」節以外のB類従属節を含む複文には視点固定の原則が「中」程度に関与すると考える。

4.2.3　C類従属節

田窪(1987)の分類によると、C類従属節は順接を表すもの（「〜から」、「〜ので」）、逆接を表すもの（「〜が」、「〜けれど」）、並列を表すもの（「〜し」、「〜て」）の三つに分けられる。このうち、

逆接・並列を表す節の主節に対する従属度は非常に低く、順接を表す節の従属度は高い。その根拠の一つは、やはり、従属節と主節の主語が異なる場合に「は」が従属節に侵入できるか否かである。

(56)a 田中君が（/*は）京都が好きだ<u>から</u>（/<u>なので</u>）、鈴木君もその影響で京都が好きになった。(順接)

b 田中君は（/*が）山が好き<u>だが</u>（/<u>だけど</u>）、鈴木君は海が好きだ。(逆接)

c 田中君｛は／が｝作曲<u>し</u>（/<u>して</u>）、鈴木君が作詞をした。(並列)

そして、それぞれの従属節の従属度と視点固定の原則の関与の強弱にはやはり相関関係が認められる。

まず、主節に対する従属度が比較的高い「～から、～ので」節を含む複文の場合、B類従属節と同じく視点固定の原則の関与の程度は「中」である。つまり、従属節の主語を「が」で標示するならば視点固定の原則を遵守しなくても文全体は適格となるが、「は」で標示するならばこの原則の遵守が義務的になる。

(57) 私が大事なところで失敗した<u>から</u>（/<u>ので</u>）、みんなは私を責めた。
(cf. 私は大事なところで失敗したから（/ので）、みんなに責められた。)

(58) *私は大事なところで失敗したから（/ので）、みんなは私を責めた。

一方、従属度が比較的低い「～が、～けれど」節や「～し、～て（並列）」節を含む複文の場合、視点固定の原則の関与は非常に弱くなる（或いは、ゼロに等しくなる）。つまり、従属節の主語を「は」で標示し、且つこの原則の遵守を避けることができる。

(59) 私は大事なところで失敗したが（/けれど）、みんなは私を責めなかった。
(cf. 私は大事なところで失敗したが（/けれど）、みんなに責められなかった。)

(60) 高木は落合を批判<u>し</u>（/<u>して</u>）、落合は高木を批判した。
(cf. 高木は落合を批判<u>し</u>（/<u>して</u>）、落合に批判された。)

4.2.4　D類従属節

D類従属節の場合、接続形式「〜と」、「〜という」を伴う従属節の部分は「引用」の内容である。引用の性質上、主節に対する従属度はゼロに等しい。したがって、視点固定の原則の関与の仕方も非常に弱くなる（或いは、ゼロに等しくなる）。

(61) a　太郎$_i$は「次郎がいつも僕$_i$（／*太郎$_i$）をいじめる」と言った。*7

　　 b　太郎は「いつも次郎にいじめられる」と言った。

また、従属節が主節の述語の補足語の役割を果たしている場合も、D類従属節に準ずると考えてよい。

(62) a　太郎$_i$は［いつも次郎が自分$_i$（／??太郎$_i$）の悪口を言うの］が気に入らない。

　　 b　太郎は［いつも次郎に悪口を言われるの］が気に入らない。

4.3　第4節のまとめ

第4節では視点固定の原則はヴォイスの選択にどの程度関与するかについて考察してきた。ここで明らかになった事柄を表にまとめるならば次のようになる。

表2　従属節の種類と視点固定の原則の関与の程度

	接続形式の例	視点固定の原則の関与の程度
A類従属節	〜て（様態）、〜ながら、〜つつ	強
B類従属節	〜て（理由・時間）、〜れば、〜たら、〜から、ので	中
C類従属節	〜から、〜ので	中
D類従属節	〜けれど、〜が、〜し、〜て（並列）「と」、「という」、［補足節］	弱（≒ゼロ）

5．間接受動文と視点

ここまでの三つの節（第2節〜第4節）では他動詞文／ニ受動文

の選択には視点がどのように、またどの程度関与しているかについて考察してきた。そこで、続く部分では議論の対象を間接受動文やニヨッテ受動文に移すことにする。第5節では間接受動文に対する視点の関与の仕方について考察していく。

　他動詞文／ニ受動文で表される事象の場合、事象への参与者は動作主と被動作主の二者であり、話し手が当該の事象を動作主の立場から見るならば他動詞文が、被動作主の立場から見るならばニ受動文が選択されることになる。

　これに対して、間接受動文で表される事象の場合、参与者は動作主・被動作主、及び間接的受影者の三者になる（被動作主は存在しない場合もある）。では、このことを念頭に置いて、間接受動文には視点がどのように関与するのだろうか。ここに、間接受動文の例を幾つか挙げてみる。

(63) a 　私は 太郎に財布を盗まれた。
　　 b 　太郎は 誰かに財布を盗まれた。
(64) a 　私は 太郎にあんなところに居られては本当に困る。
　　 b 　太郎は 何者かにあんなところに居られて本当に困っている。
(65) a 　私は買い物の途中に雨に降られてしまった。
　　 b 　太郎は買い物の途中に雨に降られてしまった。
(66) 　（私は）レース模様の美しさに心を奪われ、自分もそこに加わってみたくなったのかもしれない。
　　　　　　　　　　　　　　　　（小川洋子『博士の愛した数式』）
(67) 　（博士は）見慣れない他人に口の中をいじくり回され、神経が高ぶって八十分のテープの回転に狂いが生じたとしても、不思議ではない。　（小川洋子『博士の愛した数式』）
(68) 　「悪いけどさ、ラジオ体操は屋上かなんかでやってくれないかな」と僕はきっぱりと言った。「（私は あなたに）それやられると目が覚めちゃうんだ」
　　　　　　　　　　　　　　　　　　（村上春樹『ノルウェイの森』）

　上述諸例に共通しているのは、いずれも主語（間接的受影者）の位置を一人称（私）・[＋特定]・[＋有情]といった視点の序列が上

位の存在が占めており、その間接的受影者は必ず助詞「に」で標示される動作主（非一人称・［－特定］・［－有情］）よりも視点の序列が上位の存在であるということである。

一方、間接的受影者の方が動作主よりも視点の序列が下位の存在である場合、間接受動文は不適格となる。

(69) a ＊太郎は私に財布を盗まれた。
　　 b ??誰かが太郎に財布を盗まれた。
(70) a ＊太郎は私にここに居られてしまった。
　　 b ＊何者かが太郎にここに居られてしまった。

以上から、間接受動文には〈視座：話し手が当該の事象を間接的受影者の立場カラ見ている〉ことを示す（そのため、間接的受影者は動作主よりも視点の序列が上位の存在でなければならない）という意味で視点が関与していると考えることができる。

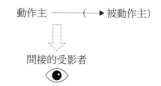

図2　視点の意味：間接受動文の場合

6. ニヨッテ受動文と視点

第6節ではニヨッテ受動文に対する視点の関与の仕方について考察していく。

ニ受動文・ニヨッテ受動文ともに直接受動文であるが、ニ受動文とは違ってニヨッテ受動文では［－有情］の非動作主＊8が主語の位置を占める。

(71) a ＊大阪城は豊臣秀吉に建てられた。（ニ受動文）（＝(6)、(7)a）
　　 b 大阪城は豊臣秀吉によって建てられた。（ニヨッテ受動文）（＝(7)b）
(72) a フェルマーの最終定理がワイルズによって解決された。

　　　　(=(2)a)
　　b　食事が（?料理長によって）作られた。(=(2)b)
　　c　会議が（?社長によって）開かれた。
(73)　「ほんとの空とお城山が美しく見える景観づくり協定」が県道沿道の地権者によって締結されました。
　　　　　　　　　　　　　（佐藤滋『まちづくりデザインゲーム』）

したがって、ニヨッテ受動文もニ受動文と同じように〈視座：話し手が当該の事象を被／非動作主の立場カラ見ている〉ことを示すと考えることはできない。誰にとってもあるモノ・コトを［＋有情］の存在を差し置いて［－有情］の存在の立場から見るのは難しいからである。では、ニヨッテ受動文にはどのような意味で視点が関与しているのであろうか。

この問題について考えるにあたって、まず思い出したいのは、池上嘉彦（1982: 108）のナル型言語としての日本語は「〈出来事全体〉を捉え、事の成り行きという観点から出来事を表現しようとする」傾向が強いという指摘である。では、ヒトはある「出来事」をどのように見ればその「全体」を見ることができるだろうか。「木を見て森を見ず」という諺があるが、森の中に入り込んで一本一本の木を懸命に見ていたのでは森（＝出来事）の全体を見渡すことはできない。森の全体を見渡すためには、森からある程度の距離がある場所からこれを俯瞰する必要がある。このことはつまり、「あの試練で彼は"男"になった」、「コップが割れた」のようなナル型の表現では話し手は当該の事象をその事象からある程度距離がある場所から見ているということを意味する。

そして、次に思い出されるのは、ニヨッテ受動文もまた自動詞文と同じくナル型の表現の一つとして用いられるという点である（益岡（1982）など）。

(74)a　今回の調査の結果、原因が明らかになった。（自動詞文）
　　b　今回の調査の結果、原因が解明された。（ニヨッテ受動文）
　　　　　　　　　　　　　　　　　　　　　（a-bとも益岡（1982:60））
(75)a　もうすぐこの場所に家が建つ。（自動詞文）
　　b　もうすぐこの場所に家が建てられる。（ニヨッテ受動文）

よく知られているように、ある他動詞文に対応する自動詞文が見当たらない場合、ニヨッテ受動文が自動詞文の代わりの役割を果たすことがある。

(76) a　村上春樹がその小説を書いた。(他動詞文)
　　 b　その小説は村上春樹によって書かれた。(ニヨッテ受動文)

これらのことから、ニヨッテ受動文には〈(視座＋)注視点：話し手が当該の事象から距離を置いてその事象の全体ヲ見ている〉ことを示すという意味で視点が関与すると考えることができる。

図3　視点の意味：ニヨッテ受動文の場合

このように考えることで、ニヨッテ受動文ではなぜ［－有情］の非動作主が主語の位置を占めることができるのかという問題についても、そもそもニヨッテ受動文は話し手が当該の事象を主語の位置に据えられている非動作主の立場から見ていることを示すものではないからであるという説明を与えることが可能になる。

たとえば、三歳ぐらいの子どもが石に躓いて転んで泣き出したという事象をその現場から少し離れた場所から目撃したとしよう。このときにその目撃者が取りやすい行動は、おそらく、(ⅰ)子どもに駆け寄って抱き起こす、(ⅱ)その場で驚いて何か叫ぶのいずれかであろう。(ⅲ)石に駆け寄って砂を払うなどという人はいないはずである。このうち、ニヨッテ受動文の視点(事象の見方)は((ⅲ)ではなく)(ⅱ)の行動(人として自然な行動の一つ)と対応するのであり、それゆえに不適格にはならないのである。

なお、視座が事象そのものから離れれば離れるほど、視座がどこにあるかはそれほど大きな問題にはならなくなる(視座が事象から50mの場所にあっても100mの場所にあっても、事象から離れているということに変わりはない)のに対して、話し手が動作主、非

動作主、事象の全体（など）のうち事象のどの部分を見ることを選択するか（＝注視点）の重要度は高くなる。ニヨッテ受動文の視点（事象の見方）にとって重要な要素を〈（視座＋）注視点〉と表記して「視座」を括弧の中に入れたのはそのためである（反対に、視座が事象そのものに近づけば近づくほど注視点の重要度は低くなる）。

　ただし、ニヨッテ受動文では話し手は事象の全体を見ていると考えるだけでは、少なくとも次に挙げる二つの問題を解決することができない。

　一つ目はニ受動文とニヨッテ受動文の違いは何かという問題である。

(77) a　彼はみんな {に／*によって} 好かれている。

(砂川 (1984: 76))

　　 b　ジョンはもう少しで気を失うところをビル {に／によって} 助けられた。

(Kuroda (1979: 319)、砂川 (1984: 77))

この例はニ受動文とニヨッテ受動文の違いについて少なくとも次の三つの問題を提起する*9。

（ⅰ）(77)aでニヨッテ受動文が不適格となるのはなぜか。

（ⅱ）ニヨッテ受動文が不適格である (77)aと適格であるbの違いはどこにあるのか。

（ⅲ）(77)bのようにニ受動文・ニヨッテ受動文ともに適格である場合、両者にはどのような相違が存在するのか。

なお、ニ受動文とニヨッテ受動文の相違については、砂川有里子 (1984)（特に第3節と第4節、pp.81–86）が視点研究とは関係のないところで妥当性の高い結論に至っているので、今のところはこれで満足することにしたい。視点研究の立場からどのような知見を提供することができるかについては今後の課題とする。

　二つ目はニヨッテ受動文と対応する他動詞文との選択はどのようになされるかという問題である。

(78) a　フェルマーの最終定理がワイルズによって解決された。

　　　　（＝(2)a）

　　 b　ワイルズがフェルマーの最終定理を解決した。

第5章　ヴォイスと視点　143

(78) a と b はともに適格である。では、ニヨッテ受動文と他動詞文はどのように選択されるのか。他動詞文は話し手が当該の事象を「ワイルズ」の立場から見ていることを示し、ニヨッテ受動文は当該の事象の全体を見ていることを示すと規定しただけでは他動詞文／ニヨッテ受動文の選択のされ方について合理的に説明することはできない。そして、この問題は単文レベルで(78)a–bを眺めているだけで解決できるものではない。「動作主の立場から見ること」と「事象の全体を見ること」のそれぞれがどのような場面で好まれるのかという点が単文（や複文）より大きい単位、すなわちテクストレベルでの詳細な観察に基づいて示されてはじめて解決を見ることができる。これも今後の課題としたい。

7．本章のまとめ

　本章では、ヴォイスを表す文の中でも特に受動文（ニ受動文・間接受動文・ニヨッテ受動文）を対象とし、これに視点がどのように関与するかを考察した。

　まず第2節では、ヴォイス（他動詞文／ニ受動文）の選択には〈視座：話し手が当該の事象を誰（動作主／被動作主）の立場カラ見ているか〉が関与しているということを述べた。

　これを承けて、第3節と第4節では、ヴォイスの選択には視点が実際にはどの程度強く関与するのかについて考察し、ニ受動文の方がその有標性ゆえに他動詞文よりも視点が強く関与する、「［＋有情］＞［－有情］」の視点の序列は他の序列よりも厳格である、従属節の主節に対する従属度が高いほど視点固定の原則が強く関与するなどの点を整理した。

　さらに、第5節と第6節では間接受動文とニヨッテ受動文に対する視点の関与の仕方について考察し、間接受動文は〈視座：話し手が当該の事象を間接的受影者の立場カラ見ている〉ことを示し、ニヨッテ受動文は〈（視座＋）注視点：話し手が当該の事象の全体ヲ見ている〉ことを示すということを述べた。

*1 ここで言う「目的語」とはヲ格の他にニ格なども含む広い意味での動作の対象を指す。

*2 ただし、たとえば、話し手が教室に入ろうと思ってドアを開けようとしたら教室の中から先生の怒鳴り声が聞こえる、どうやら誰かを怒鳴っているようであるがそれが誰かは分からないという場合、「誰かが先生に怒鳴られている（ようだ）。」のように［−特定］の受動文も適格となる。しかし、これは被動作主が「誰か」で、且つ述語動詞がテイル形である場合に限られるようで、今のところ例外的と言って差し支えないと思われる。

*3 (43)、(44)とも強調も奥津による。ただし、奥津は下線ではなく傍点を使っている。

*4 ［−有情］のニ受動文成立の条件を、潜在的受影者が想定できること、又は［＋有情］の動作主が文中に顕現しないこと、と考えることはできない。なぜなら、動作主が顕現していなければニヨッテ受動文として成立することも少なくないからである。たとえば、益岡（1987: 192）が非文の例として挙げている「*ノーサイドの笛が主審に吹かれた。」から潜在的受影者の存在を想定することは非常に困難であるが、「ノーサイドの笛が吹かれた。」のように動作主を削除すれば文は成立する。しかし、後者はニヨッテ受動文である。

*5 たとえば、「(あなたは)私に声をかけられたとき、どう思った？」の例について、野田の考え方に沿えば、文脈（主節）によって設定された「あなた」を基準とする文脈依存の視点が適用されるため、下線部の従属節も主節の主語「あなた」を主語にするために受動文が用いられると説明されることになる。ここで、文脈依存の視点が適用されるということは、文脈によって設定された基準に視点（主語）を固定するということと同義である。

*6 田窪（1987）の分類は南（1974）の分類をもとに若干の修正を加えたものである。また、野田（1995）も田窪の分類にほぼ相当する分類をもとに議論を進めている。

*7 「i」はこれが付されている名詞（句）の指示対象が同一人物であることを示す。

*8 ニヨッテ受動文の場合、旧主語を「動作主」と称するのは可能であるが、新主語を「被動作主」と称するのは意味的に無理がある。「大阪城が豊臣秀吉によって建てられた。」の「建てる」、「法律が時の政権によって制定された。」の「制定する」のように、ニヨッテ受動文の述語動詞はある存在に対する働きかけ性を有さないからである。そこで、ニヨッテ受動文の新主語は「動作主ではない」という意味で「非動作主」と称することにする。

*9 (ⅲ) については、Kuroda（1979）が「ニ・ニヨッテ」という形態的な相違は"affectivity"（感情性・受影的意味）の有無という意味的な相違をもたらすと回答している。そして、Kurodaはこのような形態的・意味的な相違は統語的な相違に基づいて生じると考えている。統語的な相違とは、ニ受動文は「ジョンは［ビルがジョンを助ける］られる」という複文深層構造を持つのに対して、ニヨッテ受動文は「ビルがジョンを助ける」という単文深層構造を持つという相違のことである。ただし、久野（1983: 199）や砂川（1984: 78）が指摘しているように、Kurodaのこの考え方では、対応する他動詞文を持た

ないニヨッテ受動文の存在を説明することができない（例：我が軍は敵のゲリラ部隊によって退路を断たれた）、ニ受動文・ニヨッテ受動文がともに適格である場合にニ受動文のみに"affectivity"が認められニヨッテ受動文にはこれが認められないという主張は説得力に欠ける（例：彼らは無名の一記者｛に／によって｝秘密を暴かれた。）といった弱点を持つ（二つの例はいずれも砂川（1984: 78））。

第6章
「視点」に関する日中対照研究
ヴォイスを中心に＊1

1. はじめに

1.1 本章の目的

　ここまではもっぱら日本語のみを対象として言語と「視点」の関わりについて考察してきた。しかし、日本語以外の言語に目を向けることなくここで視点研究を完結させてしまうならば、ともすれば日本語における視点の重要性のみが際立つことになり、他言語には視点がどのように関与しているのかという点が見落とされることになりかねない。一方、他言語にも目を向けるならば、他言語を「鏡」とすることで、これまで日本語について明らかになった事柄を相対化することが可能となり、日本語の特徴がより明確になる可能性がある。

　そのようなわけで、言語学の分野における視点研究を十全なものとするためには日本語以外の言語に目を向けることも不可欠である。そこで本章では、そのケーススタディーとして、中国語のヴォイスに対する視点の関与の仕方を日本語と対照することを試みたいと思う。

1.2 本章の方針

　まず、対照研究に取り組むにあたっての本書の方針を述べておきたい。

　本章で考察対象となるヴォイスについては、日中両語でたとえば次のような異同が見られる。

　（1）　J　　王君は李君に引っ張られた。
　　　　C ?? 小王　　被　　小李　　拉　　了。
　　　　　　　王君　られる　李君　引っぱる　asp

(2) J　王君は李君に引っ張って行かれた。
　　C　小王　被　小李　拉-走　了。
　　　　王君　られる　李君　引っぱる-去る　asp

　(1)J, Cのように単一の動詞（「引っ張る」、"拉"）が述語である受動文は、日本語では適格となるが中国語では不適格（ないしは、不自然）となる。一方、(2)J, Cのように二つ（以上）の要素からなる動詞句（「引っ張って行く」、"拉走"）が述語である受動文は日中両語とも適格となる。

　そして、このような異同（特に、相違点）はとかく目を引くため、対照研究に関心を持つ者は、まず二つ（以上）の言語のこのような異同（特に、相違点）に着目し、その理由の説明を試みるというやり方を取りやすい。

　もちろん、これも対照研究の一つの方向性ではある。そして、二つ（以上）の言語の異同について整理し、その理由を検討していくというのは必要なことである。しかし、本書ではこのような方法を取らない。なぜなら、筆者の限りある力量でこのような方法を取るならば、「単一の動詞であっても動詞句であっても受動文の述語になることができる」という日本語の特徴を一つの"前提"として「それなのに中国語ではなぜ単一の動詞は受動文の述語になりにくいのか」という発想で対照研究を進めていくことになりかねないからである。これでは、日本語の色眼鏡で他言語（中国語）を見ることになってしまう。

　筆者は二つの言語をできるだけ平等に扱いたい。そのためには、始めから日中両語の異同に着目するのではなく、まずは日本語と中国語のそれぞれについて検討した上で、改めて日中両語の異同に目を向けるというやり方が相応しいように思う。したがって本章では、まずは日本語のヴォイスと中国語のヴォイスのそれぞれに視点がどのように関与しているかを一つずつ検討し、次に「視点」を導入することで日中両語のヴォイスの異同についてどのように説明を与えることができるのかという点を考えていくというやり方を取りたいと思う*2。

1.3　本章の構成

ここまで述べてきた考え方に基づき、本章の考察は、以下、次のように進んでいく。

第2節：日本語のヴォイスに対する視点の関与の仕方について、第5章で明らかになったことをごく簡単に確認する。

第3節：中国語のヴォイスには視点がどのように関与するかについて（できるだけ日本語とは関係のないところで）詳細に検討する。

第4節：「視点」はヴォイスについての日中両語の異同の説明にどのように寄与するかについて述べる。

2.　日本語のヴォイスと視点

第5章で考察したように、日本語のヴォイス（ニ受動文・間接受動文・ニヨッテ受動文）には次のような意味で視点が関与する。

まず、他動詞文／ニ受動文の選択には〈視座：話し手が当該の事象を誰（動作主／被動作主）の立場カラ見ているか〉という意味で視点が関与する。その根拠は、日本語では一人称・［＋特定］・［＋有情］など視点の序列が上位である存在が他動詞文／受動文の主語の位置を占めやすい（(3)a–b、(4)a–b）、複文の従属節と主節の主語が一致している方が自然に感じられる傾向があり、これがニ受動文を選択する（／しない）動機となる（(5)a–b）という事実である。

(3)　（事象：私が新一に話しかけた）
　　a　私は新一に話しかけた。
　　b　*新一は私に話しかけられた。
(4)　（事象：新一が私に話しかけた）
　　a　??新一は私に話しかけた。
　　b　私は新一に話しかけられた。
(5)　a　太郎は宿題を忘れたので、先生に叱られた。
　　b　??太郎は宿題を忘れたので、先生は太郎を叱った。

次に、間接受動文は〈視座：話し手が当該の事象を間接的受影者

の立場カラ見ている〉ことを示す。その根拠として、間接受動文の主語（間接的受影者）の位置は一人称・［＋特定］・［＋有情］などが占めやすい。

(6) a 　私は太郎に財布を盗まれた。
　　 b 　＊太郎は私に財布を盗まれた。

そして、ニヨッテ受動文は〈〈視座＋〉注視点：話し手が当該の事象から距離がある場所からその事象の全体ヲ見ている〉ことを示す。このことはナル型表現全般について言えることであるが、ニヨッテ受動文もそのナル型表現の一種である。

(7) a 　もうすぐ異常気象の原因が明らかになる。（自動詞文）
　　 b 　もうすぐ異常気象の原因が（専門家によって）明らかにされる。（ニヨッテ受動文）

以上が、日本語のヴォイスに対する視点の関与の仕方である。

3. 中国語におけるヴォイスの選択と視点

第3節では、中国語のヴォイスには視点がどのように関与するのかについて（できるだけ日本語とは関係のないところで）詳細に検討していきたい。

3.1 考察の対象

まず、本章で考察の対象とする中国語の文の種類を明確にしておく。

ここで考察の対象となるのは、中国語学で"被"（bei）構文（"被"字句）と呼ばれている構文（中国語の最も典型的な受動文）、及びこれと対応する他動詞文である。

(8) a 　大雄　　被　　　胖虎　　打　　了。
　　　　　のび太　られる　ジャイアン　殴る　asp
　　　　（受動文：のび太がジャイアンに殴られた。）

　　 b 　胖虎　　　打　　了　　大雄。
　　　　　ジャイアン　殴る　asp　のび太
　　　　（他動詞文：ジャイアンがのび太を殴った。）

中国語の受動文（"被"構文）では、被動作主（"大雄"＝N2）が主語の位置に据えられ、その後ろに受身標識である介詞（前置詞）の"被"が置かれ、さらにその後ろに動作主（"胖虎"＝N1）が置かれ、最後に述語動詞（"打"）が置かれる（(8)a）。一方、他動詞文では、中国語はSVO型言語であるから、動作主・述語動詞・被動作主がこの順番で配置される（(8)b）。
　これを一般化して書くとそれぞれ次のようになる。
(9)　a　［N1］V［N2］。(他動詞文)
　　　b　［N2］被［N1］V。(受動文)
なお、中国語学の世界には、"遭"、"受"など受身の意味を表す語を述語に取る文（(10)）や、いわゆる「無標式の受身文」（(11)）なども受動文の一つであると見る立場も存在する。
(10)　赵太爷　钱太爷　大　受　居民　尊敬。
　　　趙の旦那　銭の旦那　大いに　受ける　住民たち　尊敬

　　　（趙の旦那と銭の旦那は非常に住民たちの尊敬を受けている。）
(11)　碗　打-破　了。（お椀は割れた。）
　　　お椀　叩く-壊れる　asp

しかし、"被"構文とは違って、(10)、(11)のような文を受動文と見なし得るか否かについては未だ意見の一致を見ておらず、少なくとも中国語の受動文のプロトタイプであるとは言い難い。本章ではこれらの文を考察の対象から外すことにする。

3.2　ヴォイスの選択のされ方

　次に、3.2節では中国語のヴォイス（他動詞文／受動文）の選択のされ方に見られる特徴を三つ指摘したいと思う。

3.2.1　［＋致使力］の動作主（N1）

　その一つ目として、中国語では述語が表す動作・行為の主体（動作主）のうち「致使力」（＝主体Aが、対象Bに対する動作Vの遂行によって、結果の事態Rを無理なく（極めて高い予見可能性をもって）引き起こすことのできる能力ないし威力；木村英樹(1992: 13)）を有する存在ほど他動詞文の主語の位置に据えられ

やすいという点を取り上げる。このことは、特に述語部分の「働きかけ性」が強い場合により顕著に観察されるようである*3。

(12) a 小王　　拉-倒　　了　椅子。(王君が椅子を引いて倒した。)
　　　　王君　　引っぱる-倒れる　asp　椅子

　　b 冷箭　　射-死　　了　小王。(不意の矢が王君を射殺した。)
　　　　不意の矢　射-死ぬ　asp　王君

　　c 山上　　滾-下来　　的　大　石头　砸倒　　了
　　　　山の上　転がる-下りてくる　の　大きい　石　ぶつかる-倒れる　asp

　　　王老师。
　　　王先生

　　　(山から落ちてきた大きな石が王先生をぶつかり倒した。)

(13) a ??石头　　绊-倒　　了　小王。(石ころが王君を躓かせ倒した。)
　　　　石　躓づく-倒れる　asp　王君

　　b ??排球　　　砸-倒　　了　王老师。
　　　　バレーボール　ぶつかる-倒れる　asp　王先生

　　　(バレーボールが王先生をぶつかり倒した。)

　　c ??小李　洗-脏　了　衣服。(李君が服を洗い汚した。)
　　　　李君　洗う-汚れる　asp　服

((12) a–c、(13) a–c すべて木村(1992: 12-13))

　まず、(12)a–cの主体である"小王"、"冷箭"、"山上滾下来的大石头"は、それぞれの動作"拉"、"射"、"砸"をもって、「椅子が倒れる」、「王君が死ぬ」、「王先生が倒れる」という事象を無理なく引き起こすことができる。つまり、これらはすべて［＋致使力］の存在であると言うことができる。

　一方、(13)a–cについては、たまたまそこに転がっているだけの"石头"（石ころ）には「王君が躓く」という事象を引き起こすだけの能力を認めることはできない（(13)a）。また、動的な存在であっても、「山から落ちてきた大きな石」とは違って、"排球"（バレーボール）くらいでは「王先生が倒れる」という事態を引き起こすことはできないと考えるのが自然であろう（(13)b）*4。さらに、［＋有情］の存在であってもある事象の発生を常にコントロールできるとは限らない。"小李"が服を洗うことによって当然予想され

るのは「服がきれいになる」という結果である。「服が汚くなる」というのは無理なく予想できる結果ではない。よって、(13)cの"小李"も［＋致使力］の存在であるとは言い難い。

　以上から、(12)a–cと(13)a–cの適格度の差は、中国語では動作・行為の主体（動作主）のうち［＋致使力］の存在ほど他動詞文の主語の位置に据えられやすいということを示していると言うことができる。

3.2.2　［＋変化］の被動作主（N2）

　次に、中国語では述語が表す動作・行為の対象（被動作主）のうちその動作・行為を受けることで注目に値するほど大きな「変化」を被る存在ほど受動文の主語の位置に据えられやすいという点を取り上げる。

　このことを示すために、ここでは、中国語の受動文の述語は「結果補語」を伴う形（V-R構造）を典型とするという、中国語学ではよく知られている事実を挙げたいと思う。

(14)a ??小王　被　　小李　　拉　　了。
　　　　王君　られる　李君　　引っぱる　asp

　　　（王君は李君に引っ張られた。）（＝(1)C）

　　b　小王　被　　小李　　拉-走　　了。
　　　　王君　られる　李君　　引っぱる-去る　asp

　　　（王君は李君に引っ張って行かれた。）（＝(2)C）

(15)a ?手表　被　　木村　　修　　了。
　　　　腕時計　られる　木村さん　修理する　asp

　　　（腕時計は木村さんに修理された。）

　　b　手表　被　　木村　　修-好　　了。
　　　　腕時計　られる　木村さん　修理する-良い　asp

　　　（腕時計は木村さんに修理されて治った。）

　　　　　　　　　　　　　　　（a–bとも木村（1981: 28–29））

　これらの例におけるaとbの適格度の差は、中国語の受動文にとっての結果補語（"拉-走"の"走"、及び"修-好"の"好"）の重要性を示している。

しかし、受動文の述語が結果補語を伴うということと、受動文の主語の位置に据えられるのは［＋変化］の存在であるということとは、一体どのように結び付くのか。これに答えるためには、中国語学の分野において結果補語と呼ばれているのはどのような要素であるかについて説明する必要がある。そこで、次の他動詞文の例をご覧いただきたい。

(16) 小胡　哭-红　了　眼睛。
　　　胡君　泣く-赤い　asp　目

　　　（胡君は泣いて目が赤くなっている。）　　　　（杉村（1982: 59））

この例の述語"哭-红（了）"（泣く-赤い）のうち、"红"（赤い（赤くなる））の部分が結果補語である。つまり、動詞の直後に置かれて、「泣く」の結果どうなったのかを明示する成分、それが結果補語なのである。そして、ここで重要なのは、"哭红"のうち"哭"（V）の方は"小胡"（胡君、N1）の動作を表しているのだが、結果補語の"红"（R）の方はN2である"眼睛"（目）がどうなったかを述べているという点である。これを一般化して書くと、次のようになる。

(17) a　［N1］V-R（了）［N2］。
　　 b　［N1］がVする（した）結果、［N2］がRなる（なった）。

つまり、結果補語は当該の事象（N1の動作）によってN2がどうなったかを明示する成分なのであり、だからこそN2を［＋変化］の存在たらしめる力を持つのである。そして、中国語の動詞の多くが"写+了"（書く+"了"）のように完了の"了"を伴うだけでは結果を含意せず、"写-完+了"（書く-終わる+"了"）のように結果補語を伴ってはじめて「書き終える（書き終えた）」、「書き上がる（書き上がった）」という保証が得られるということもよく知られている。

以上のような理由から、先の(14)、(15)におけるaとbの適格度の差は、中国語では［＋変化］の存在ほど受動文の主語になりやすいということを示していると言える。つまり、それぞれのbが適格であるのは、述語が結果補語（"走"（その場を離れる）、"好"（治る））を伴うことで、N2（"小李"（李君）、"手表"（腕時計））が［＋変化］の存在として認められるようになったからである。

ただし、述語が「影響含意型の動詞」（＝語彙的に結果を内包し、対象への影響を含意し得る動詞。"打"（殴る）、"杀"（殺す）、"拆"（取り壊す）、"淋"（濡らす）、"骂"（罵る）、"骗"（騙す）、"批评"（叱る）、"表扬"（褒める）など；木村（1992: 11））である場合は、結果補語を伴っていなくても受動文は適格となる。

（18）　小王　被　小李　打　了。（王君は李君に殴られた。）（作例）
　　　　王君　られる　李君　殴る　asp

（19）　那时，我父亲　在　省里　被　批斗。
　　　あの時　私の父　で　省の中　られる　吊るし上げる
　　　（その時、父は省の中で吊し上げられた。）　　　《山楂树之恋》

　これについては、影響含意型の動詞はその動詞が表す動作・行為を受ける対象への影響を動詞単独で含意し得るため、結果補語を伴わずとも対象を［＋変化］の存在たらしめることができるからであると考えられる。

　また、影響含意型の動詞であれば受動文の述語になるときに必ず結果補語を伴わないというわけではない。影響含意型の動詞がさらに結果補語を伴って受動文の述語になることもまた少なくない。

（20）　前不久，她哥哥　被　农民　打-伤　了。
　　　　この前　彼女の兄　られる　農民　殴る-怪我する　asp
　　　（この前、彼女の兄は農民に殴られて傷を負った。）《山楂树之恋》

（21）　宋凡平的身体就像是一块门板一样挡住了阳光，两个孩子站在他的阴影里，仰脸看着他，他　的　眼睛　被　人
　　　　　　　　　　　　　　　　　　　　　　　　　彼　の　目　られる　人
　　　揍-肿　了，嘴角　被　人　揍-破　了，
　　　殴る-腫れる　asp　口もと　られる　人　殴る-切れる　asp
　　　（宋凡平の体が戸板のように太陽の光を遮っていたため、二人の子供は彼の影の中に立って、彼を見上げた。目は殴られて腫れ上がり、口もとも殴られて切れている。）　　　《兄弟》

（22）　他对着所有走过的人哭诉、说　他　和　李光头　胸前
　　　　　　　　　　　　　　　　　　彼　と　李光頭　胸の前
　　　的　毛主席　被　三个人　抢-走　了。
　　　の　毛主席　られる　三人の人　奪う-去る　asp

(彼は通り過ぎる人々みなに、自分と李光頭の毛主席（のバッチ：筆者注）が三人に奪い取られてしまったことを泣きながら訴えた。)

(《兄弟》)

なお、他動詞文の場合はN2が［＋変化］の存在である必要はなく、N1が［＋致使力］の存在であれば適格となるので、述語が結果補語を伴う必要はない（文を終止させるために完了を表すアスペクト形式"了"を文末に付加する必要がある）。

(23)　小王　　拉　　小李　了。
　　　王君　引っ張る　李君　　asp

(王君は李君を引っ張った。＝その結果「李君がもともと居た場所から動いた」という保証はない)（作例）

(24)　木村　　修　　手表　了。
　　　木村さん　修理する　腕時計　asp

(木村さんは腕時計を修理した。＝その結果「時計が治った」という保証はない)　　　　　　　　　　　（木村（1981:28））

したがって、述語が結果補語を伴う形（V-R構造）を典型とするというのは他動詞文・受動文のうち受動文にのみ認められる特徴であるということになる。

以上の観察から、中国語では動作・行為の対象（被動作主）のうち［＋変化］の存在ほど受動文の主語の位置に据えられやすいということが確認された。

3.2.3　情報の新旧

ここまで、中国語のヴォイスの選択のされ方の特徴として、動作・行為の主体（動作主）のうち［＋致使力］の存在ほど他動詞文の主語になりやすい、動作・行為の対象（被動作主）のうち［＋変化］の存在ほど受動文の主語になりやすいという二つの点を取り上げた。したがって、もし動作主が［＋致使力］の存在で、且つ被動作主が［－変化］の存在であれば他動詞文が選択されることになり、反対に、もし被動作主が［＋変化］の存在で、且つ動作主が［－致使力］の存在であれば受動文が選択されることになる。

では、動作主が［＋致使力］の存在で、且つ被動作主も［＋変

化〕の存在である場合、他動詞文／受動文のどちらがどのようにして選択されるのだろうか。

(25) a 小李 拿-走 了 那本书。
　　　　<small>李君　持つ-去る　asp　　あの本</small>

　　　（李君があの本を持ち去った。）

　　b 那本书 被 小李 拿-走 了。
　　　　<small>あの本　られる　李君　持つ-去る　asp</small>

　　　（あの本は李君に持ち去られた。）

　この例において、動作主の"小李"は"拿"（持つ）という動作を行うことで「本がもとの場所から離れる」という事象を無理なく引き起こすことができるという意味で〔＋致使力〕の存在である。また、述語が結果補語"走"（もとの場所から離れる）を伴っていることで、被動作主の"那本书"は動作主の「持つ」という動作・行為を受けて「もとの場所から離れる」という意味で〔＋変化〕の存在であるということが明示されている。

　このような場合、ヴォイスの選択はどのように行われるのか。これについては、たとえば(25)aとbを文単位で見るだけでは満足のいく回答を得ることはできず、これらの文が出現する環境（すなわち、文脈）にも注意を払う必要があると思われる。そこで、文が出現する環境に注意を払いつつ、他動詞文／受動文の選択のされ方を観察してみたい。ここでは、中国語の小説から採取した例をいくつか取り上げる。

(26) 李光头和宋刚赶紧爬到了屋里的床上, 他们 把 手里
　　　　　　　　　　　　　　　　　　　　　　　<small>彼ら　を　手の中</small>

　　吃 的 放 在 了 床上,
　　<small>食べる　の　置く　に　asp　ベットの上</small>

　a 〔那些 豆子 瓜子〕 都 被 〔他们 手上 的 汗水〕
　　　<small>あれら　豆　種　全て　られる　彼ら　手の上　の　汗</small>

　　浸-湿 了,
　　<small>浸す-濡れる　asp</small>

　b 〔他们 手上 的 汗水〕 浸-湿 了 〔那些 豆子 瓜子〕,
　　　<small>彼ら　手の上　の　汗　浸す-濡れる　asp　あれら　豆　種</small>

　　　　　　（李光頭と宋剛は大急ぎで部屋の中に入ってベッドの上に上がる
　　　　　　と、手の中の食べ物をベッドの上にぶちまけた。）
　　　a　　（豆と種は彼らの手の汗で濡らされている。）
　　　b　　（彼らの手の汗が豆と種を濡らしている。）

　　　　　　　　　　　　　　　《兄弟》（原文はa、日本語直訳は筆者による））

　（26）a–bはいずれも同じ事象について述べている文であるが、aは"浸-湿"（浸す-濡れる）の被動作主である"那些豆子瓜子"（豆と種）を主語に据えた受動文になっており、一方のbは動作主である"他们手上的汗水"（手の汗）を主語に据えた他動詞文になっている。そして、原文はa（受動文）を選択している。

　さて、複数の中国語話者に（原文がどちらを選択しているかを告げずに）上の（26）a–bを提示したところ、おおよそ、前後の文脈がなければa、bともに自然であるが、文脈を考慮に入れるとa（受動文）の方が理想的であるとの反応であった。では、なぜそうなるのか。その答えを得るために、ここではいわゆる「情報の新旧」に注目してみたい。

　ここで、仮に被動作主"那些豆子瓜子"（豆と種）と動作主"他们手上的汗水"（手の汗）のいずれかが何らかの理由で聞き取れなかったとする。もし"那些豆子瓜子"が聞き取れなかったとすれば「ナニが（手の汗で）濡れたのか」という疑問が生じることになるが、これについては、先行文脈の下線部"手里吃的"（手の中の食べ物）を参照することで、少なくとも「食べるもの」だということは予測することができる。一方、もし"他们手上的汗水"が聞き取れなかったとすれば、「ナニが（豆や種を）濡らしたのか」という疑問が生じることになるが、これを先行文脈から予測・復元することは非常に困難である。つまり、被動作主"那些豆子瓜子"はいわゆる旧情報（先行文脈から予測・復元できる可能性が高い情報）であり、一方の動作主"他们手上的汗水"はいわゆる新情報ということになる。このことから、ここで受動文が選択されている理由の一つとして被動作主が旧情報であるという点を挙げることができるし、同時に、中国語では動作主／被動作主のうち旧情報を主語の位置に据えることを旨としてヴォイスの選択がなされる傾向が強いと言う

ことができそうである。

　この点をより確かなものにするため、さらに次の二つの例をご覧いただきたい。

(27)　他　从来　没有　见　过　<u>红　头发</u>　的人，好奇
　　　彼　今まで　ない　みる　ことがある　赤い　髪　の　人　好奇

　　　地　　　跑　了　过去，　　才　　　看-清楚
　　　の様子で　走る　asp　去って行く　ようやく　見る-はっきりする

　　a　［她　的　头发］　是　被　［血］　染-红　的，
　　　　彼女　の　髪　である　られる　血　染める-赤い　の

　　b　是　［血］　染-红　［她　的　头发］，
　　　　である　血　染める-赤い　彼女　の　髪

　　（彼は赤い髪の人を見たことがなく、好奇心をもって走っていったが、よく見ると）

　　a　（彼女の髪は血に赤く染められていたのだった。）
　　b　（血が彼女の髪を赤く染めているのだった。）

　　　　　　　　　　　　（《兄弟》（原文はa、日本語直訳は筆者による））

(28)a　<u>宋凡平</u>　满脸　是　<u>血</u>，［他　头发］　都　被　［血］
　　　　宋凡平　顔中　である　血　彼　髪　全て　られる　血

　　　染-红　了，
　　　染める-赤い　asp

　　b　宋凡平　满脸　是　血，［血］　染-红　了　［他　头发］，
　　　　宋凡平　顔中　である　血　血　染める-赤い　asp　彼　髪

　　　　　　　　　　　　（《兄弟》（原文はa、日本語直訳は筆者による））

　上述二組の例はいずれも"血"が"染-红"（染める-赤い）の動作主であり、"头发"（髪の毛）が被動作主であるという点が共通している。そして、原文はいずれもa（受動文）を選択している。

　しかし、(27)a–bと(28)a–bを複数の中国語話者に提示したところ、(27)ではaを選択した方がより理想的であるのに対して、(28)ではどちらを選択してもあまり大きな差はないという反応が大勢を占めた。つまり、(28)a（原文；受動文）はb（他動詞文）に置き換えることが可能であるということになる。では、(27)と(28)におけるbへの置き換え可能性の差は何によるのかと言えば、

これも情報の新旧によるものと思われる。

　まず、(27)a-bの場合、被動作主"她头发"（彼女の髪の毛）は先行文脈に"红头发"（赤い髪）を見出すことができることから旧情報であるが、動作主"血"は新情報である。したがって、原文がa（受動文）を選択したことや、複数の中国語話者がaの方がより理想的と判断した理由の一つは、この文脈では被動作主が旧情報であるというところに求めることができる。

　また、(28)a-bの場合、先行文脈に"宋凡平"と"血"の両方を見出すことができることから、被動作主"他头发"（彼（＝宋凡平）の髪）もさることながら、動作主である"血"もまた旧情報である。このことから、この文脈では動作主／被動作主ともに旧情報であるということが、複数の中国語話者がa（受動文）とb（他動詞文）のどちらを選択しても大差ないと判断した理由の一つとなっていると言えそうである*5。

　以上の観察から、中国語におけるヴォイスの選択の基準の一つとして、動作主／被動作主のうち旧情報を主語の位置に据えることを旨としてヴォイスの選択がなされる傾向が強いという点を挙げることができる*6。

3.3　「視点」の意味　中国語のヴォイスの場合

　ここまでの観察で、中国語におけるヴォイスの選択のされ方について、［＋致使力］の動作主は他動詞文の主語になりやすい、［＋変化］の被動作主は受動文の主語になりやすい、動作主／被動作主のうち「旧情報」の方を主語にすることを旨としてヴォイスの選択が行われる傾向が強いという三つの点が明らかになった。では、これらの事実は中国語のヴォイスと視点の関わりについて何を意味するのだろうか。

　結論から言えば、上で述べたような事実から、中国語のヴォイス（他動詞文／受動文）の選択には〈注視点：話し手が当該の事象の参与者のうち誰（動作主／被動作主）ヲ見ているか〉という意味で視点が関与していると考えることができるように思われる。

　　受動文　：話し手が当該の事象の参与者のうち被動作主ヲ見てい

　　　　　ることを示す
　他動詞文：話し手が当該の事象の参与者のうち動作主ヲ見ている
　　　　　ことを示す

その理由は以下の通りである。
（ⅰ）　中国語で他動詞文／受動文の主語になりやすい［＋致使力］の動作主、［＋変化］の被動作主、旧情報の三者はいずれも「目立つ」存在である。
（ⅱ）　人間は誰しも目立つ存在を見ることを選択する傾向が強い。

　まず、（ⅰ）について。私たちの日常生活においても、自ら率先して働き、時と場合に応じて必要な仕事を的確にこなせる人物（［＋致使力］の存在）というのは、自ら行動を起こすことはほとんどなく、ただ仕事場にいるだけで仕事を的確にこなすことはほとんどない人物（［－致使力］の存在）よりも目立つのではないだろうか。また、普段見慣れている様子と大いに異なる人・物（［＋変化］の存在）というのは、普段と変わらない人・物（［－変化］の存在）よりも目立つと言えるだろう。そして、自分にとって馴染みが深い存在（旧情報）は少なくとも自分自身にとっては目立つように感じられるということも、誰もが経験していることである。このような理由から、［＋致使力］の動作主、［＋変化］の被動作主、旧情報の三者はいずれも目立つ存在であると言うことができる。

　次に、（ⅱ）について。たとえば、ある友達の部屋に初めて遊びに行くとしよう。その部屋に入って何に最初に目が行きやすいかと言えば、やはり大きいもの、派手なもの、動くものなど目立つ存在ではないだろうか。つまり、私たちは意識的・無意識的に目立つ存在を見ることを選択しやすいということである。

　そして、これら（ⅰ）、（ⅱ）を考え合わせると、中国語の他動詞文／受動文において主語の位置を占める動作主／被動作主は、話し手が当該の事象の参与者のうち誰に目が行っているか（＝誰を見ているか）を示すと言うことができる。

　以上のような理由から、中国語のヴォイスには〈注視点〉が関与すると考えることができる。

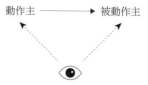

図1 「視点」の意味：中国語の他動詞文／受動文の場合

4.「視点」の日中対照研究への寄与

ここまでは、日本語と中国語のそれぞれに対する視点の関与の仕方を個別に考察し、たとえば次のような点が明らかになった。

(ⅰ) a 他動詞文／ニ受動文⇒〈視座：話し手が当該の事象を誰（動作主／被動作主）の立場カラ見ているか〉という意味で視点が関与する

b 間接受動文⇒〈視座：話し手が当該の事象を間接的受影者の立場カラ見ている〉ことを示す

c ニヨッテ受動文⇒〈(視座＋) 注視点：話し手が当該の事象から距離がある場所からその事象の全体ヲ見ている〉ことを示す

(ⅱ) 中国語の他動詞文／受動文⇒〈注視点：話し手が当該の事象の参与者のうち誰（動作主／被動作主）ヲ見ているか〉という意味で視点が関与する

しかし、本章の目的は日本語・中国語の個別言語の研究ではなく、日中対照研究である。日本語と中国語それぞれの言語の特徴を明らかにするだけでは対照研究に十分に寄与したと言うことはできない。対照研究に寄与するためには、視点を導入することで日中両語に観察されるどのような現象について合理的な説明を与えることが可能になるのかというところまで議論を進める必要がある。そこで第4節では、日中両語のヴォイスに観察される幾つかの特徴について、ここまでで明らかになった事柄（(ⅰ)a–c、(ⅱ)）に基づいて説明を与えていくことを試みたいと思う。

4.1 他動詞文／（ニ）受動文の選択の一致・不一致について

その一つ目として、日中両語のヴォイス（他動詞文／（ニ）受動文）の選択の一致・不一致についての説明を試みる。

まず、ヴォイスの選択が一致していない例から取り上げる。

(29)J 「弟さんに、お目にかかれますか」「必要ありません」
<u>（私は）（未亡人＝「弟さん」の義理の姉に）あまりにもきっぱりと否定された</u>せいで、取り返しのつかない失言をしたような気分になった。（『博士の愛した数式』）

C "我能见见您小叔吗？" "没有必要。"可能因为<u>她　回绝　得　实在　太　干脆</u>，我觉得自己
　　　　　　　　　　　　　彼女　拒絶する　やり方が　本当に　とても　きっぱりと

好像说了无可挽回的错话。
（彼女（＝未亡人）は私をきっぱりと拒絶した）

この例は日本語原文の小説とその中国語訳から採取したものであるが、それぞれの下線部に注目するならば、日本語は受動文、中国語は他動詞文になっており、ヴォイスの選択は一致していない。これについて、筆者としては次のように説明したいと思う。

まず、日本語（(29)J）で受動文が選択されているのは、一つは当該の事象を「未亡人」ではなく「私」の立場から見るため、もう一つは文全体において「私」の立場から見続けるためであると思われる。ヴォイスの選択に〈視座〉が関与する日本語で、話し手が当該の事象をできるだけ「私」自身の立場から見続けようとするのはごく自然なことである。

一方、中国語（(29)C）では、"她回绝得实在太干脆"（彼女は私をきっぱりと拒絶した）のように他動詞文が選択されており、"她"（彼女（未亡人））と"我"（私）のうち動作主である"她"が主語の位置を占めている。これは、ここでの"她"は自らの意志をもって"我"をきっぱりと拒絶し、それによって"我"にある一定の（負の）心理的影響を与えるという結果の事態を無理なく生じさせることができるという意味で［＋致使力］の目立つ存在であり、〈注視点〉が関与する中国語においては話し手がこれを見ることを

選択するのは自然なことだからである。
　さらに、次の例もご覧いただきたい。
　(30) C　于是李兰像一个无家可归的乞丐一样席地而睡，<u>夏夜 的</u>
　　　　　　　　　　　　　　　　　　　　　　　　　　　夏の夜　の

　　　　<u>蚊子　嗡嗡　叮咬　着　她</u>，她却毫不知觉，昏昏睡
　　　　　蚊　ブンブンと　刺す　ている　彼女

　　　　去，又恍恍惚惚地醒来。
　　　　（夏の蚊がブンブンと彼女（李蘭）を刺しても）　　　（《兄弟》）
　　　J　李蘭は、まるで帰る家のない乞食のように地面に寝た。
　　　　<u>夏の夜の蚊にブンブンと刺されても</u>、まったく何も感
　　　　じていないかのように、うとうとと眠っては、ぼんや
　　　　りと目を覚ました。
　これは中国語原文の小説とその日本語訳の例であるが、やはり日本語（訳文）は受動文で中国語（原文）は他動詞文になっている。
　まず、中国語（(30)C）で他動詞文が選択されているのは、動作主である"蚊子"（蚊）が［＋致使力］の目立つ存在だからである。"蚊子"は自らの意志をもって"她"（彼女＝李蘭）を刺し、それによって"她"に痒みを与えるだけの能力を持つ。
　一方、日本語（(30)J）で受動文が選択されているのは、「李蘭」と「蚊」を比較したときに、話し手にとって当該の事象を［＋人間］である「李蘭」の立場から見る方が容易である（「李蘭」も「蚊」も［＋有情］ではあるが）、受動文を選択することで(30)J全体において「李蘭」の立場から見続けることが可能になるという理由が考えられる。
　次に、日本語では他動詞文、中国語では受動文が選択されている例にも目を向けることにする。取り上げるのは日本語原文の小説とその中国語訳である。
　(31) J　なぜか道端に置いてあったガソリン入りのポリタンク
　　　　が、なぜか突然火を吹いて、そばにいた若者を焼いた。
　　　　　　　　　　　　　　　　　　　　　　　（『探偵ガリレオ』）
　　　C　道路边放了个汽油罐，突然起火了，<u>旁边 的 年轻人</u>
　　　　　　　　　　　　　　　　　　　　　となり　の　　若者

　　　　　被　　焼　了。（そばにいた若者が（火に）焼かれた。）
　　　　られる　焼く　asp

　この例では日中両語におけるヴォイスの選択が(29)、(30)とは反対になっている。

　まず、日本語で他動詞文が選択されているのは、話し手が自らの〈視座〉をできるだけ移動させないためであると考えられる。たしかに、「火」(動作主)と「若者」(被動作主)を比べるならば、話し手にとっては当該の事象を［＋有情］の「若者」の立場から見る方が容易なはずである。しかし、この文脈で話し手は、「なぜか道端に〜」と「なぜか突然火を吹いて」の二つの節では「ポリタンクから出た火」の立場から事象を見ている。そのため、「そばにいた〜」の節に至った際にも、視座を移動して改めて「若者」の立場から事象を見ることを嫌い、移動はせずに「火」の立場から見続けることを選択したのである。

　一方、中国語で受動文が選択されているのは、"火"と"年轻人"(若者)との比較で、ここでは"年轻人"の方がより目立つ存在であると判断され、話し手がこれを見ることを選択した結果であろう。"火"が突然噴出することで焼かれ、燃え尽きてしまった"年轻人"は、たしかに［＋変化］(正常な状態→燃え尽きる)の目立つ存在であり、話し手がこれに目が行くのも十分にうなずける。

　以上、日中両語でヴォイス(他動詞文／受動文)の選択が一致していない例を三つ取り上げたが、いずれの例についても、日本語では〈視座〉、中国語では〈注視点〉が関与するという考え方に基づいて説明することができた。

　そこで、今度は日中両語でヴォイスの選択が一致している場合についても取り上げてみたいと思う。

(32) J　（私は）包帯に血が滲んでいないか確かめようとしたが、
　　　　（彼（＝「私」の息子）に）払い除けられた。
　　　　　　　　　　　　　　　　　　　　　　（『博士の愛した数式』）

　　 C　我想看看血有没有是滲到绑带上来，被　　他　拿　手
　　　　挡-开　了。　　　　　　　　　　　 られる　彼　上げる　手
　　　　遮る-離れる　asp

第6章　「視点」に関する日中対照研究　　165

(彼に手を挙げて払い除けられた)

　この例では日本語・中国語ともに受動文が選択されており、ヴォイスの選択が一致している。では、なぜそのようになったのかと言えば、日本語((32)J)では「彼」と「私」の比較で話し手にとって当該の事象を被動作主である「私」の立場から見る方がはるかに容易であることから受動文が選択され、中国語((32)C)では被動作主である"我"(私)が［＋変化］の目立つ存在であると認められることからやはり受動文が選択されたからである。(32)Cでは当該の事象によって被動作主"我"がどうなったのかが結果補語("挡-开"の"开")によって明示されているので（もともと居た位置から移動させられた）、それによって"我"は［＋変化］の存在たり得ている。

　さてここで、(32)J, Cにおいてヴォイスの選択が一致しているからといって、日中両語で視点が同じように関与することにはならないという点に注意が必要である。再三述べてきたように、日本語のヴォイスの選択には〈視座〉が関与し、中国語には〈注視点〉が関与する。日中両語における視点の関与の仕方は根本的に異なるのである。その上で、日本語における〈視座：誰の立場カラ見るか〉の「誰」と、中国語における〈注視点：誰ヲ見るか〉の「誰」が（たまたま）一致すればヴォイスの選択も一致するが、これが一致しなければヴォイスの選択も一致しない。日中両語でヴォイスの選択が一致することがあるとしても、日中両語で視点が同じように関与するわけではない。この点は特に強調しておきたい。

　ところで、日本語は視点が比較的強く関与する言語である（それに比べると、中国語は視点がそれほど強くは関与しない言語である）と言われることがある。そのように言われる理由の一つは、おそらく、次の例のように中国語の他動詞文・受動文では"我"(私)を差し置いてそれ以外の存在が主語の位置を占めることができるという事実であろう。

(33)　她　　回绝　　得　　实在　　太　　干脆,
　　　彼女　拒絶する　やり方が　本当に　とても　きっぱりと

　　（彼女（＝未亡人）は私をきっぱりと拒絶した）（＝(29)C、一部改）

(34)　杯子　　被　　我　　　打-碎　　　了。
　　　　コップ　られる　私　叩く-粉々になる　asp

　　（コップは私に叩かれて割れた。）

　日本語と同じような視点の原則が中国語にはどの程度当てはまるだろうかという目でこのような例を見るならば、中国語にとって視点はそれほど重要ではないように思えるかもしれない。しかし、事実はそうではない。

　(33)、(34)が適格となるのは、これらの例における"她"（彼女）、"杯子"（コップ）が［＋致使力］、「＋変化」（通常の状態→粉々の状態）の目立つ存在であり、それゆえに〈注視点〉が関与する中国語では話し手がこれを見ることを選択するのは自然なことだからである。つまり、中国語には視点が関与しないのではなく、日本語とは視点の関与の仕方が異なるのである。もし本当に中国語には視点が一切関与しないのであれば、"??石头绊倒了小王。"（＝(13)a）や"??小王被小李拉了。"（＝(14)a）のように明らかに目立たない存在が主語の位置を占める他動詞文・受動文も適格となるはずである。

　日中両語では視点の関与の仕方が異なる。だからこそ、中国語にはどのような意味で視点が関与するかという点も詳細に検討することが必要なのである。

4.2　間接受動文の発達度の差について

　「視点」の日中対照研究への寄与の二つ目として、日中両語における間接受動文の発達度の差ついて説明を与えることを試みる。

　周知の通り、日本語では間接受動文が非常に発達しており、中国語ではほとんど発達していない。そのため、日本語では間接受動文が選択されやすい場合でも、中国語では間接受動文は選択されず、直接受動文（(35)–(37)）や他動詞文（(38)）・自動詞文（(39)）が選択されることが多い。

(35) J1　私は弟に車を壊された。
　　 J2　?私の車は弟に壊された。

C1?? 我　被　弟弟　　撞-坏　　了　车。
　　　　私　られる　弟　　ぶつける-壊れる　asp　車

（間接受動文：私は弟に車を壊された。）

C2　我　的　车　被　弟弟　　撞-坏　　了。
　　　私　の　車　られる　弟　ぶつける-壊れる　asp

（直接受動文：私の車は弟に壊された。）

（J1, 2、C1, 2とも下地（1999: 111））

(36) J1　私は財布を盗まれた。

　　 J2 ?私の財布は盗まれた。

　　 C1 ?我　被　偷-走　　了　钱包。
　　　　　私　られる　盗む-去る　asp　財布

（間接受動文：私は財布を盗まれた。）

C2　我　的　钱包　被　偷-走　　了。
　　　私　の　財布　られる　盗む-去る　asp

（直接受動文：私の財布は盗まれた。）

(37) J　話題の新刊がたまたま棚に戻っていた。まだ発売して一ヶ月ほどなので、これは相当運のいいことである。迷わず手を伸ばしたところ、(その本を)さっと横からかっさらわれた。　　　　　　　　　　　（『阪急電車』）

　　 C　书　居然　就　被　旁边　的　人　给　取-走　了！
　　　　本　なんと　すぐに　られる　となり　の　人　に　取る-去る　asp

（その本がなんと隣の人に持って行かれた）

(38) J　征志はユキにいつも読みたい本や興味のある本をかっさらわれていると思っていたが、　　（『阪急電車』）

　　 C　征志　认为　阿雪　总是　抢　在　自己　之　前　去
　　　　征志　思う　ユキ　いつも　奪う　で　自分　の　前　行く

　　　　借　他　想　看　的　书，
　　　　借りる　彼　したい　読む　の　本

（ユキがいつも自分の前に自分が読みたい本を奪って（図書館から）借りていく）

(39) J　別れたいです。殴られたりするのもうイヤやし、アパートの前で喚かれたりするのも。　　　　（『阪急電車』）

C 早就想分了。我再也不想挨打，也不想再听到 他 在
我家 外头 鬼吼鬼叫。
　　　　　　　　　　　　　　　　　　　　　彼　で
　　我が家　外　喚き立てる

（彼が自分の家の外で喚き立てる）

　これについても、日本語の間接受動文は〈視座：話し手が当該の事象を間接的受影者の立場カラ見ている〉ことを示し、中国語の間接受動文は〈注視点：話し手が事象の参与者のうち間接的受影者ヲ見ている〉ことを示すと考えるならば合理的な説明を与えることが可能になる。

　まず、日本語で間接受動文が発達しているのは、話し手にとって当該の事象を間接的受影者である話し手自身（或いは、心理的に話し手に近い存在）の立場から見るのは非常に容易なことだからである。一方、中国語にとっては、当該の事象に間接的に参与するにすぎない間接的受影者は明らかに目立たない存在であり、話し手がこれを見ることを選択するのは困難であるということになる。中国語で間接受動文が発達していないのはそのためである。

4.3　ニヨッテ受動文と中国語受動文の特徴の異同について

　「視点」の日中対照研究への寄与の三つ目はニヨッテ受動文と中国語受動文についてである。日中両語のヴォイスに対する視点の関与の仕方についてここまでで明らかになった事柄を利用するならば、次に挙げるようなニヨッテ受動文と中国語受動文の特徴の異同についても説明を与えることが可能になる。

　まず、両者は（視点の序列が下位であるはずの）［－有情］の存在でも受動文の主語の位置を占めることができるという点が共通している。

(40) 「ほんとの空とお城山が美しく見える景観づくり協定」が県道沿道の地権者によって締結されました。

　　　　　　　　　　　　（佐藤滋『まちづくりデザインゲーム』）

(41) 杯子　　被　　小李　　打-碎　　了。
　　　コップ　られる　李君　叩く-粉々になる　asp

(このコップは李君に叩かれ粉々になった。)

　これは、両者ともそもそも話し手が当該の事象を主語の位置に据えられている非／被動作主の立場から見ていることを示すものではないからである。(40) では話し手は「協定が締結に至った」という事象の全体を見ているのであり、(41) では話し手は「李君がコップを叩いてコップが粉々になった」という事象の参与者のうち"杯子"（コップ）の方を見ることを選択しているのである。いずれの例においても、話し手は当該の事象を［－有情］の「協定」、"杯子"の立場から見ているわけではない。

　一方、「*Xが私によってV（ら）れる」式のニヨッテ受動文は不適格となるのに対して、中国語では"X 被我 V"式の受動文も適格となり、この点では両者は特徴を異にする。

(42) *大阪城は私によって建てられた。
(43)　杯子　　被　　我　　打-碎　　了。
　　　コップ　られる　私　叩く-粉々になる　asp

（コップは私に割られた。）（＝(34)）

　これは、日本語では自分自身（私）をも客体化して見るというモノ・コトの見方をあまりしないのに対して、中国語ではそのような見方をすることが比較的多いという日中両語の特徴の違いによるものと思われる。

　再三述べているように、誰にとってもあるモノ・コトを自分自身を差し置いて他人の立場から見るのは困難である。日本語で「*私は太郎にお金をくれた」、「*私は太郎のところに来た」、「*太郎は私に殴られた」のような文がすべて不適格となるのはそのためである。しかし、自分自身をも客体化して他人から見たときの自分自身の見え方を想像するというのは可能である。実際、私たちはよく「あの人から見たら私なんてどうせただうるさいだけの存在なんだろうな」などということをやっている。ただし、実際に言語化する（発話する）際にそのような見方がどの程度採用されるかは言語によって異なる。

　どうやら、日本語は自分自身をも客体化するという見方をあまりしないようである。このことは、日本語では「??私は嬉しい！」

よりも「嬉しい！」という発話の方がより自然で、一人称代名詞「私」はあまり文中に明示されないということからも了解される。中国語では、"我很高兴！"（私は嬉しい）のように一人称代名詞"我"を文中に明示する方が自然であり、"*很高兴！"（嬉しい）と発話することはできないそうである。このような日中両語の特徴の違いが、「*私によって」、"被我"を容認するかしないかの違いをももたらしていると考えられる。

以上、第4節では、「視点」に関してここまでですでに明らかになっている事柄を利用することで日中両語のヴォイスに観察される幾つかの特徴について説明を与えることが可能になるということを述べた。

5. 本章のまとめ

本章では、ヴォイスと視点に関する日本語と中国語との対照研究に取り組んだ。それは、他言語を「鏡」とすることで日本語についてここまでで明らかにしてきた事柄が相対化され、日本語の特徴がより明確になることを期待してのことであった。

まず、第2節では日本語のヴォイスに対する視点の関与の仕方をごく簡単に確認した。

次に、第3節では中国語のヴォイスには視点がどのように関与するかについて詳細に検討した。[＋致使力] の動作主は他動詞文の主語になりやすい、[＋変化] の被動作主は受動文の主語になりやすい、動作主／被動作主のうち「旧情報」の方を主語にすることを旨としてヴォイスの選択が行われる傾向が強いといった特徴が認められることから、中国語のヴォイス（他動詞文／受動文）の選択のされ方には〈注視点：話し手が当該の事象の参与者のうち誰（動作主／被動作主）ヲ見ているか〉という意味で視点が関与しているという結論を得た。

さらに、第4節では、「視点」が日中対照研究にどのように寄与するかを示すため、日中両語のヴォイスに観察される幾つかの特徴（日中両語における他動詞文／（ニ）受動文の選択の一致・不一致、

間接受動文の発達度の違い、ニヨッテ受動文と中国語受動文の異同）について、ヴォイスと視点に関してここまですでに明らかになっている事柄に基づいて説明を与えていくことを試みた。

【第6章の例文出典】
艾米《山楂树之恋》（江苏人民出版社、2009年）
余华《兄弟》（上海文艺出版社、2005年）
　日本語訳：泉京鹿（訳）『兄弟』（文藝春秋、2008年）
小川洋子『博士の愛した数式』（新潮文庫、2005年）
　中国語訳：李建云（译）《博士的爱情算式》（人民文学出版社、2005年）
東野圭吾『探偵ガリレオ』（文春文庫、2002年）
　中国語訳：赵博・戴璐璐（译）《侦探伽利略》（海南出版社、2008年）
有川浩『阪急電車』（幻冬舎文庫、2010年）
　中国語訳：伏怡琳（译）《阪急电车》（山东文艺出版社、2014年）

---

*1　中国語の言語事実について調査するにあたって、筆者の中国人の友人である肖海娜さん、李藝さん、蘇霖坤さん、李琪さん、陳麗霞さん、金志映さん、劉琳さん（神戸市外国語大学大学院修士課程・博士課程）に様々な形で協力していただいた。みなさんには、本章における中国語の作例について適格／不適格を判断していただいたのみならず、先行研究から引用した例文や、中国語の小説などから採取した例文についても適格／不適格を判断したり、各自の語感についてコメントしていただいた。ここに特に記して感謝したいと思う。ただし、言うまでもなく、本章の記述に正確さを欠くところが見受けられるならばそれはすべて筆者の責任である。

*2　対照研究に対する本章のこのような態度は、山口（2011: 217）が対照研究の際には「どちらか一方の言語をベースにするのではなく、2つの個別言語をできるだけ余計な前提をはずして眺めてみること」が大切であると述べていることに教示を受けたものであるということを特に記しておく。

*3　そこで、ここでは一般的に働きかけ性が強いと思われるV-R（述語-結果補語）構造の中でも特に働きかけ性が強いと思われる述語（"拉-倒"（引く-倒れる）、"射-死"（射る-死ぬ）、"砸-到"（ぶつかる-倒れる）、"绊-倒"（躓かす-倒れる）、"洗-脏"（洗う-汚れる）など）を取る他動詞文を取り上げることにする。

*4　ただし、筆者の方でも複数の中国語話者に確認してみたところ、(13)bを自然であると判断した人もいた。そして、その理由を尋ねてみたところ、aの"石头"（石ころ）と違ってbの"排球"（バレーボール）は動くからとのことであった。木村（1992）も気が付いているように、（ある結果の事態Rを引き起

こす）致使力を有するか否かは程度の問題である。ある人は「山から落ちてきた大きな石」以上の威力を持つ存在を［＋致使力］の存在と認めるかもしれないが、ある人は「バレーボール」以上の存在を［＋致使力］の存在と認めるというようなことは十分にあり得る。

＊5　ただし、ある中国語話者は、(28)a–b では a（受動文）の方がより理想的で、それに比べると b の方は中国語（の文章）としてはややぎこちない感じがするとコメントしてくれた。その理由は、受動文を選択することで文全体の焦点が「(宋凡平の) 顔＞髪＞血」という具合に「大」から「小」へと絞られていくので文章の流れが良くなるというものであった。本小節（3.2.3 節）の主張は「中国語のヴォイスの選択には情報の新旧が関与する」というものであるが、これはヴォイスの選択を決定する要素の一つに過ぎないということも念頭に置いておく必要がある。

＊6　この点は、「中国語の／被／字句とは、中国語の語順の常として、最も古い情報を文頭に、最も新しい情報を文末に置いた結果、たまたま動作の受け手が文頭に置かれることになった文なのである」という下地（2000: 81）の主張とも一致する。

第7章
視点研究の体系化の試み

1. はじめに
1.1 本章の目的
　本書の冒頭（第1章）でも述べたように、視点を言語の研究に導入することの魅力の一つは、日本語（そして、他言語）の複数の文法項目について同一の（或いは、少数の）原理・原則をもって統一的に解釈することを可能にしてくれることである。久野暲（1978）もこのことを意図して視点を導入したものと思われる（久野（1978: 140–141）を参照のこと）。
　ただし、久野は「視点に関する一般原則を立てる→これを数多くの文法項目や日本語以外の諸言語の説明に適用することを試みる」という順番をとったが、本書はこのような順番はとらない。それは、私たちの言語には何らかの意味・形で視点が関与するとはいえ、ある文法項目と別の文法項目に対する視点の関与の仕方は同じとは限らないのではないかという考えによる。そこで本書では、久野とは反対に、「（ⅰ）一つ一つの文法項目に視点がどのように関与しているかを検討→（ⅱ）複数の文法項目に対する視点の関与の仕方の共通点・相違点を整理」という順番をとることにした。（ⅰ）は視点研究の精緻化にあたり、（ⅱ）は視点研究の体系化にあたる。
　さて、直前の四つの章（第3章～第6章）では、授与（補助）動詞「（て）やる／（て）くれる」文、移動動詞「行く／来る」文、日中両語のヴォイスの文（他動詞文／受動文）を例として、それぞれにどのような意味での視点がどのように関与しているかを考察してきた（＝視点研究の精緻化）。そこで本章では、言語学（日本語学）の分野における視点の魅力を最大限に引き出すべく、本書でこれまで扱ってきた文法項目を中心として、複数の文法項目A、B...

に対する視点の関与の仕方の異同を整理し、視点から見た複数の項目のネットワークを構築すること（＝視点研究の体系化）を試みたいと思う。

1.2 本章の構成

1.1節で述べた目的の達成に向けて、本章の議論は以下のような順番で構成されることになる。

第2節： 数ある文法項目の中でも日本語の三種の受動文（ニ受動文・ニヨッテ受動文・間接受動文）を中心に位置付けることで、本書でここまで扱ってきた複数の文法項目（中国語受動文も含む）を対象とした「視点」から見たネットワークの構築を試みる。

第3節： 日中両語の完成相／継続相の選択と「左／右」の決定のされ方も考察の対象に加え、先に第2節で構築されたものよりも更に大きい「体系」を構築することを試みる。

第4節： 日中両語のアスペクト形式（完成相／継続相）の選択、「左／右」の決定のされ方といった文法項目も対象としたより大きい視点の体系の図から「日本語（そして、中国語）のモノ・コトの見方」についてどのような特徴を読みとることができるのか――日本語（そして、中国語）は全体的にモノ・コトをどのように見る言語であると言えるのか、モノ・コトの見方に関してどのような点が日本語（そして、中国語）の数多くの文法項目に共通すると言えるのか――について考察する。

2. 日本語の三種の受動文を中心とした視点の体系

「（て）やる／（て）くれる」文、「行く／来る」文、日中両語の他動詞文／受動文のそれぞれにどのような意味での視点がどのように関与するかについては第3章～第6章ですでに検討した。本章ではその考察結果に基づいて視点研究を体系化していくことを目的とする。より具体的には、日本語の三種の受動文（ニ受動文・ニヨッ

テ受動文・間接受動文）を中心に位置付け、それぞれと「視点」の関与の仕方の点で共通点が認められる文法項目をその周辺に位置付けることで、視点から見た複数の文法項目間のネットワークを構築していきたいと考えている。

　なお、日本語の受動文の分類方法についてであるが、すでに第5章で述べたように、本書ではまず直接受動文（(1)–(2)）と間接受動文（(3)a–b）に分類し、直接受動文は動作主が助詞「に」で標示されるか「によって」で標示されるかに基づいてニ受動文（(1)）とニヨッテ受動文（(2)）に分類する。

(1)　太郎は次郎に殴られた。
(2)　フェルマーの最終定理が（ワイルズによって）解決された。
(3)　a　（私は）足を踏まれた。
　　　b　（私は）隣の赤ちゃんに泣かれた。

　また、第5章と同様、取り上げる順番はニ受動文→間接受動文→ニヨッテ受動文となる。

2.1　他動詞文／ニ受動文と「行く／来る」文、「やる／くれる」文

　視点研究を体系化していくにあたって鍵となるのは、ある文法項目と別のある項目に対する視点の関与の仕方の相互関連性を見出していくことである。では、日本語の三種の受動文のうちの一つ目であるニ受動文（及び、対応する他動詞文）は視点の関与の仕方という点で他のどの項目と関連性を有するのであろうか。

　まず、他動詞文／ニ受動文の選択には〈視座：話し手が当該の事象を誰（動作主／被動作主）の立場カラ見ているか〉という意味で視点が関与するのであった（第5章第2節）。その根拠として、他動詞文／ニ受動文はできるだけ一人称（私）を主語の位置に据えることを旨として選択される傾向が強い（(4)a–b、(5)a–b）、従属節—主節の主語をできるだけ統一することが他動詞文／ニ受動文の選択を決定する要素（の一つ）になる（(6)a–b）という現象が挙げられる。

(4)　a　<u>私</u>は太郎に話しかけた。

b　＊太郎は私に話しかけられた。
　(5)　a　??太郎は私に話しかけた。
　　　　b　私は太郎に話しかけられた。
　(6)　a　＊太郎は宿題を忘れて、先生は太郎を叱った。
　　　　b　太郎は宿題を忘れて、先生に叱られた。

　誰にとっても、モノ・コトを「私」自身の立場から見るのは容易であるのに対して、「私」を差し置いて他の存在の立場から見るのは難しい。また誰にとっても、もともとA地点からあるモノ・コトを見ていたとして、そこからわざわざB地点に移動して同じモノ・コトを見ることにするというのは多かれ少なかれ負担を伴うものであり、やはり、一度どこから見るかを決めたならばできるだけそこから移動したくないと考えるのが人間として自然である。したがって、他動詞文／受動文の選択に〈視座〉が関与すると考えるならば、上に挙げた (4)–(6) のような現象についてもごく自然に説明がつくことになる。

　では、他動詞文／受動文は視点の関与の仕方という点で他のどの文法項目と共通点を有するであろうか。それは、「やる／くれる」文、及び「行く／来る」文である。この二つの項目は、「やる・行く」のガ格（モノの与え手・移動行為者）、そして「くれる・来る」のニ格（モノの受け手・移動先）は一人称（私）が占めやすいという特徴を有する。

　(7)　a　私が太郎にプレゼントをやった。
　　　　b　＊太郎が私にプレゼントをやった。
　(8)　a　太郎が私にプレゼントをくれた。
　　　　b　＊私が太郎にプレゼントをくれた。
　(9)　a　私が太郎のところに行った。
　　　　b　＊太郎が私のところに行った。
　(10) a　太郎が私のところに来た。
　　　　b　＊私が太郎のところに来た。

　このことは、「やる／くれる」文、「行く／来る」文には〈視座：話し手が当該の事象を誰（モノの与え手／受け手、移動行為者／移動先）の立場から見ているか〉という意味で視点が関与するという

ことを意味する（第3章第2節）。

　そしてここで、モノの与え手・移動行為者は自ら積極的に当該の授与・移動を行う存在であるという意味で広義の動作主であり、モノの受け手・移動先は消極的に当該の授与・移動を受け入れる存在であるという意味で広義の被動作主であるという点に注意したい。

　広義の動作主　　：狭義の動作主、モノの与え手、移動行為者
　広義の被動作主：狭義の被動作主、モノの受け手、移動先

　このように考えるならば、他動詞文／ニ受動文、「やる／くれる」文、「行く／来る」文にはいずれも〈視座：話し手が当該の事象を誰（広義の動作主／被動作主）の立場カラ見ているか〉という意味で視点が関与しているということになり、ここにこれら三つの項目の共通点を見出すことができる。

図1　他動詞文／受動文、「やる／くれる」文、「行く／来る」文の視点

2.2　間接受動文と「てくれる」文

　次に、間接受動文は視点の関与の仕方という点でどの文法項目と共通点を有するであろうか。

　間接受動文で表される事象には動作主・被動作主の他に間接的受影者の三者が参与する（被動作主は存在しないことも多い）。そして、間接受動文は、一人称（私）が主語（間接的受影者）の位置を占めていれば適格となるが、「私」自身を差し置いて他の存在が主語の位置を占めていれば不適格となる。

(11)a　<u>私</u>は太郎に財布を盗まれた。
　　b　*太郎は<u>私</u>に財布を盗まれた。
(12)　「悪いけどさ、ラジオ体操は屋上かなんかでやってくれないかな」と僕はきっぱりと言った。「（<u>私</u>はあなたに）それやられると目が覚めちゃうんだ」

（村上春樹『ノルウェイの森』）

(13)　?あなたは私にそれをやられると目が覚めちゃうでしょ

う？

　このことから、間接受動文には〈視座：話し手が当該の事象を間接的受影者の立場カラ見ている〉ことを示すという意味で視点が関与していると考えられる（第5章第5節）。

　そして、これとほぼ同様のことは「てくれる」文にも当てはまる。つまり、間接受動文で一人称（私）が間接的受影者になりやすかったのと同様に、「てくれる」文では一人称（私）は間接的（或いは、直接的）受益者になりやすい*1。

（14）a　太郎が私のために走ってくれた。
　　　b　*私が太郎のために走ってくれた。
（15）a　太郎が私を褒めてくれた。
　　　b　*私が太郎を褒めてくれた。

　このことから、「てくれる」文には〈視座：話し手が当該の事象を受益者の立場カラ見ている〉ことを示すという意味で視点が関与していると言うことができる（第4章第2節）。

　すなわち、間接受動文と「てくれる」文にはいずれも〈視座：話し手が当該の事象を間接的受影者・受益者の立場カラ見ている〉ことを示すという意味で視点が関与しているのであり、ここに両者の共通点を見出すことができる。その上で、両者は、当該の事象が話し手の〈視座〉が置かれている存在（人物）にとっての「迷惑・被害」を表すか「恩恵」を表すかという点で役割を分担していると言うことができる。

（16）a　太郎にそばに居られて本当に困った。
　　　b　太郎がそばに居てくれて本当に助かった。

　これを図示するならば次の図2のようになる。

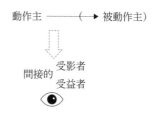

図2　間接受動文、「てくれる」文の視点

2.3 ニヨッテ受動文と「中国語受動文」

最後に、ニヨッテ受動文について。

ニヨッテ受動文には〈(視座＋)注視点：話し手が当該の事象から距離を置いてその事象の全体ヲ見ている〉という意味で視点が関与する（第5章第6節）。ナル型言語としての日本語は事象からある程度距離を置いた状態で事象の全体を捉え、表現する傾向が強いということ（cf. 池上嘉彦（1982: 108））、そしてニヨッテ受動文はナル型表現の一つとして用いられるということからそのように考えることができる。

(17) a　今回の調査の結果、原因が解明された。
　　 b　今回の調査の結果、原因が明らかになった。

つまり、ニヨッテ受動文にとっては〈注視点〉の重要度が高い（話し手が「事象から距離があるところから見ている」ということよりも、「事象の全体を見ている」ということの方が重要度が高い）ということであり、これは、〈視座〉が関与する文法項目が多い（例：「やる／くれる」文、「行く／来る」文）と思われる日本語にあってはやや珍しい。そのため、日本語の中で視点の関与の仕方という点でニヨッテ受動文と共通点を有する他の項目を見出すことは（今のところ）難しい。

しかし、ここで他言語にも目を向けるならばニヨッテ受動文と共通点を有する項目を見出すことができる。それは、中国語の受動文（"被"構文）である。

中国語では、ある事象の被動作主が「目立つ」存在であれば受動文の主語になりやすい。たとえば、次の例をご覧いただきたい。

(18) a　??椅子　被　小李　拉　了。（椅子が李君に引っ張られた。）
　　　　　椅子　られる　李君　引っぱる　asp

　　 b　椅子　被　小李　拉-倒　了。
　　　　椅子　られる　李君　引っ張る-倒れる　asp

　　（椅子が李君に引っ張られて倒れた。）

(18) a と b の違いは述語が"拉"（引っ張る）のみであるか、結果補語を伴って"拉-倒"（引っ張る-倒れる）のようになっているかという点だけであるが、a はやや不自然で、b は適格である。中

国語では、ただ「引っ張る」という動作を受ける（＝引っ張られる）だけでは被動作主である椅子は目立つ存在であるとは認められないが、引っ張るという動作を受けた結果「倒れる」ということになれば、「もとの状態→倒れた状態」という大きな変化を被るという意味で目立つ存在であると認められ、受動文の主語の位置に据えるに値する存在であると見なされるからである。

さらに、中国語では被動作主が目立つ存在であれば"X 被我 V"（Xが私にV（ら）れる）式の受動文も適格となる。

（19）　小张　　被　　我　　　拉-倒　　　了。
　　　　張君　られる　私　引っ張る-倒れる　asp

（張君は私に引っ張られて倒れた。）

（20）　杯子　　被　　我　　打-碎　　　　了。
　　　　コップ　られる　私　叩く-粉々になる　asp

（コップは私に叩かれて割れた。）

その一方で、目立つ存在でなければ一人称（私）であっても受動文の主語になるのは難しい。

（21）??我　　被　　这　孩子　哭　　了。（私はこの子に泣かれた。）
　　　　私　られる　この　子供　泣く　asp

この例における"我"（私）は「この子が泣く」という事象から間接的に影響を受ける存在である。中国語では、ある事象に間接的にしか参与しない存在は目立たない存在の典型であり、受動文の主語の位置に据えられるに値する存在ではないと見なされるのである。

このように、中国語受動文には目立つ存在ほど主語の位置に据えられやすいという特徴がある。そして、この事実と、日常生活においても目立つ存在には誰もがついつい目をやってしまう（すなわち、〈注視点〉として選択する）ということを考え合わせるならば、中国語受動文には〈注視点：話し手が当該の事象の参与者のうち被動作主ヲ見ている〉ことを示すという意味で視点が関与すると考えることができる（第6章第3節）。

以上、ニヨッテ受動文にも中国語受動文にも〈注視点〉が関与するということを述べた。そして、両者にとって注視点の重要度が高いということは、ニヨッテ受動文や中国語受動文における話し手の

視座は事象そのものから離れた位置にあるということを意味する*2。つまり、ニヨッテ受動文と中国語受動文の両者には、視座は事象から離れた位置にあり、注視点の重要度が高いという共通点を見出すことができる。その上で、ニヨッテ受動文では話し手は事象から離れたところから事象全体を見ているのに対して、中国語受動文では同じく事象から離れたところから被動作主の方を見ているということになる。これを図示するならば次の図3のようになる。

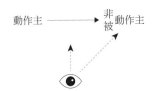

図3　ニヨッテ受動文、中国語受動文の視点

2.4　視点の体系

2.1〜2.3節では、日本語の三種の受動文（ニ受動文・間接受動文・ニヨッテ受動文）はそれぞれ他のどの文法項目と共通（／相違）しているのかについて検討した。その結果、まず、以下の三つの点が明らかになった。

（ⅰ）　視点の関与の仕方の点で
　　a　他動詞文／ニ受動文は「やる／くれる」文、「行く／来る」文と共通
　　　　話し手が〈視座：広義の動作主／被動作主の立場カラ見ている〉ことを示す
　　b　間接受動文は「てくれる」文と共通
　　　　話し手が〈視座：間接的受影者、或いは受益者の立場カラ見ている〉ことを示す
　　c　ニヨッテ受動文は中国語受動文と共通
　　　　話し手が事象から離れたところから〈注視点：事象全体、或いは被動作主の方ヲ見ている〉ことを示す

また、中国語受動文に対する視点の関与の仕方を日本語の三種の受動文のそれぞれと比較してみるならば、以下のようなことが言え

る。

（ⅱ）　中国語受動文は視点の関与の仕方の点で
　　　a　ニヨッテ受動文と共通
　　　b　ニ受動文と対立
　　　c　間接受動文とは異質

（ⅱa）（＝（ⅰc））については、2.3節で述べた通り、ニヨッテ受動文にも中国語受動文にも〈注視点〉が関与するというところに両者の共通点を見出すことができる。

（ⅱb）については、ニ受動文では事象に参与する動作主／被動作主の二者のうち話し手の〈視座〉が被動作主にあり、中国語受動文では話し手の〈注視点〉が被動作主にあるという意味で、視座vs.注視点の対立が認められる。

そして（ⅱc）については、まず、日本語の間接受動文には〈視座〉が関与し（視座は間接的受影者にある）、中国語受動文には〈注視点〉が関与する（注視点は被動作主にある）という意味で、やはり視座vs.注視点の対立が認められる。しかし、それのみならず、日本語の間接受動文で表される事象には動作主・被動作主、そして間接的受影者の三者が参与するのに対して、中国語受動文で表される事象に参与するのは動作主・被動作主の二者であり、間接的受影者の参与はほとんど認められない。つまり、日本語の間接受動文と中国語受動文とでは観察の対象となる事象の性質がそもそも異なるのであり、したがって、両者に対する視点の関与の仕方も質が異なるものと考えるべきである。

以上、2.1〜2.3節の考察で明らかになった（ⅰ）a-c、及び（ⅱ）a-cを総合するならば、少なくとも本書でここまで扱ってきた幾つかの文法項目（「（て）やる／（て）くれる」文、「行く／来る」文、日中両語のヴォイスの文）については、視点の関与の仕方という観点から図4のように体系化することが可能となるのではないか。

これが、日本語の三種の受動文を中心に位置付けることで構築された、視点の関与の仕方から見た幾つかの文法項目の体系である。

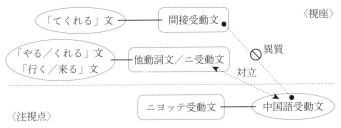

図4 視点から見た日本語（及び、中国語）の幾つかの文法項目の体系

3. 日中両語の他の項目と視点の体系

　第2節では、数ある文法項目の中でも日本語の三種の受動文（ニ受動文・間接受動文・ニョッテ受動文）を中心に位置付けることで、視点から見た日本語（及び、中国語）の複数の文法項目間のネットワークを構築すること（＝視点研究の体系化）を試みた。その一応の成果が図4である。

　しかし、第2節で考察対象としたのは本書でここまで扱ってきた文法項目（「（て）やる／（て）くれる」文、「行く／来る」文、日中両語のヴォイスの文）のみであり、対象が非常に限定されていると言わざるを得ない。

　そもそも、本章で視点研究の体系化を行っているのは、日本語（及び、他言語）の複数の文法項目について同一の（或いは、少数の）原理・原則をもって統一的に解釈することを可能にしてくれるという「視点」の魅力を最大限に引き出すためであった。そうであるならば、構築される「体系」は数多くの文法項目を対象としたできるだけ大きいものである方が望ましい。そこで第3節では、日中両語のアスペクト形式（完成相／継続相）の選択と、「左／右」の決定のされ方の二つを新たに対象に加えることで、図4よりもさらに大きい視点研究の体系を構築することを試みる。

　ここで、アスペクト形式（完成相／継続相）を考察の対象とするのは、工藤真由美（1995: 62）が指摘しているように、完成相vs.継続相は当該の事象の捉え方（＝話し手が当該の事象をどのように見ているか）の違いであり、したがって完成相／継続相の選択

第7章 視点研究の体系化の試み　185

には視点（＝モノ・コトの見方）が重要な役割を果たすと考えられるからである。この点、工藤（1995: 62）は、「アスペクトは、解釈的な、視点に関わる文法的カテゴリーであるといえよう。aspectの基になったラテン語のaspectusの意味が、viewあるいはpoint of viewであったことが思い起される」と述べている。実際、たとえば「旅館に八時間泊まった（完成相）」と言っても「旅館に八時間泊まっていた（継続相）」と言っても、観察の対象となる客観的な事象は同じであるが、前者では当該の事象が点的に（時間軸に限界づけられて）捉えられるのに対して、後者では線的に（時間軸に限界づけられないで）捉えられるという具合に、完成相／継続相の選択は話し手が当該の事象をどのように見て（捉えて）いるかを反映する。

また、「左／右」の決定のされ方も話し手の視点を反映する。ある存在（人、物など）Xの左にあるのはAだと思うのかBだと思うのか、或いは、Aはある存在Xの左にあると思うのか右にあると思うのかは、一様に決まるとは限らず、話し手が観察の対象である「X、そしてAとB」をどのように見るかによって変わってくる。そのようなわけで、視点は「左／右」の決定のされ方にとっても重要な要素であると思われる。

なお、考察の対象が広がったとしても、まず一つ一つの文法項目に視点がどのように関与しているかを検討し、その成果に基づいて複数の文法項目に対する視点の関与の仕方の共通点・相違点を整理するという本書の方針に変わりはない。したがって、第3節では、まず日中両語の完成相／継続相、「左／右」に視点がどのように関与しているかについて考察し、これらの項目は視点の関与の仕方という点でどの項目とどのように共通（／相違）しているのかに基づいて、これまでに扱ってきた文法項目、及び日中両語の完成相／継続相と「左／右」を対象とした比較的大きい視点研究の体系を構築することを目指したいと思う。

3.1　日中両語の完成相／継続相の選択と視点

日中両語の完成相／継続相の選択には「視点」がどのように関与

するのだろうか。

　この点について、下地早智子（2011）は、日本語の完成相／継続相の選択には「出来事をどこから見ているか、という視座が深く関わる」のに対して、中国語では「出来事のどこを見ているか、という注視点が深く関わって」いる（p.31）と述べている。より具体的には、日本語の完成相／継続相の選択には〈視座：話し手が当該の事象をどの場所（外部／内部）カラ見ているか〉という意味で視点が関与し、中国語には〈注視点：話し手が当該の事象のどの部分（境界への到達部分／到達後の状態部分）ヲ見ているか〉という意味で視点が関与するということである。

　　日本語の完成相（する・した）：話し手が当該の事象をその外部カラ見ていることを示す
　　日本語の継続相（している・していた）：話し手が当該の事象をその内部カラ見ていることを示す
　　中国語の完成相（"了"）：話し手がある事象の状態-XからXへの「境界への到達」部分ヲ見ていることを示す
　　中国語の継続相（"着"）：話し手がある事象の状態Xへの「到達後の状態」部分ヲ見ていることを示す

これを筆者なりに図示するならば次の図5ようになる。

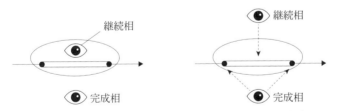

図5　日本語（左）、中国語（右）における完成相／継続相の視点

　ここでは下地のこの考え方を一旦受け入れる。そうすると、たとえば次のような日中両語の完成相／継続相の選択の不一致について合理的な説明を与えることが可能となる。

(22)　（話し手は子どもが泣き始めた場面を目撃していない）
　　　J　あれ？この子、どうして{*泣く（?泣いた）／泣いている}の？

```
   C  哟，  这   孩子  怎么  ｛哭了 ／ ??哭着｝   呢？
      ヨ  この  子供  どうして 泣く-完成相  泣く-継続相  語気助詞
```
(下地（2011: 23））

　日本語（(22)J）で継続相（泣いている）が選択されるのは、話し手は「子供が泣く」という事象を直接的に知覚しているという意味でこの事象を「内側」から見ていると言えるからである。一方、中国語（(22)C）で完成相（"哭了"）が選択されるのは、「境界への到達」部分（＝子どもが泣き始めた時点）は、たとえ話し手がこれを目撃していなくても、［－泣く］→［＋泣く］という状況の著しい変化が生じた時点であるという意味で「目立つ」部分であると見なされるからである。一方、「到達後の状態」は、境界への到達が確かに生起したのであれば到達後の状態がどのようなものであるかはすでに自明のものであるという意味で、注目に値する目立つ存在であるとは認められない。つまり、「境界への到達」部分と「到達後の状態」部分とでは前者の方が話し手にとってより目立つのである。そのため、話し手は「境界への到達」部分の方を見ることになり、そのことを反映して完成相が選択されるのである。

　なお、中国語では話し手はどのような場合に「到達後の状態」部分を見ることになるかと言えば、これも下地（2011）の指摘によるが、その一つは動詞が連用修飾成分を伴う場合である。

```
(23) 小孩子  哇哇地  ｛*哭了 ／ 哭着｝。 你   去   看看。
     子供   ワーワーと 泣く-完成相 泣く-継続相 あなた 行く ちょっと見る
```
（子供がワーワーと｛泣いた／泣いている｝。見てきなさい。）

(下地（2011: 27））

　連用修飾成分はある動作がどのような様態で行われているかを示すものであるから、これが話し手の注目を「到達後の状態」部分に向けさせる働きをすると考えるのは自然なことである。

　このように、下地の主張を一旦受け入れることにするならば、日中両語の他動詞文／（ニ）受動文の選択と同じように、日本語の完成相／継続相の選択と中国語のそれとの間にも視座 vs. 注視点という対立が認められるということになる*3。

　ただし、日本語に関しては、〈視座〉のみならず、視座（事象の

外側／内側）が変わることに伴って話し手の〈視野：事象のどこからどこまでが見えているのか〉が変わってくるという点も重要度が高いように思われる。図5（左）からも気が付くように、話し手が当該の事象をその外側から見ているならば、その距離のゆえに事象の「開始時点→動作の継続時間」のすべて（或いは、「終了時点→状態の持続時間」のすべて）が視野に入ることになる（ただし、事象の知覚の仕方は間接的にならざるを得ない）。一方、事象をその内側から見ているならば、「開始（終了）時点」は視野に入らず、「継続（持続）時間」しか視野に入らないことになる（その代わり、事象を直接的に知覚することになる）。実際、下地が挙げている(22)Jで継続相が選択されるのも、話し手が「子供が泣く」を直接的に知覚していることのほかに、「話し手は『子供が泣く』の開始時点を目撃していない」という要因もあると思われる。なぜなら、話し手の目の前で泣き始め、且つ発話時にも泣いている子供に対してどうして泣くのかを尋ねるという場面ならば、完成相／継続相ともに適格となるからである（泣き始めた時点からどのくらいの時間が経過したかにもよるが、むしろ完成相の方が自然に感じられるかもしれない）。

(24) （話し手の目の前で泣き始め、且つ発話時にも泣いている子供に対して）
 どうして｛泣く／？泣いている｝んだい？

また、次に挙げるのも話し手が開始（終了）時点を把握しているか否かが完成相／継続相の選択に影響を与えている例である。

(25) （物理学の実験である物体が燃え始めた瞬間を見ての発話）
 岸谷警部補「え？燃えた｛／??燃えている｝！」
 （TVドラマ『ガリレオ』2013/5/6放送分）

(26) （板橋が何か燃やしているところを見ての発話。燃やし始めた瞬間は見ていない）
 半沢「何を燃やしてる｛／*燃やす｝んですか、板橋さん」
 （TVドラマ『半沢直樹』2013/7/14放送分）

(25)のように当該の事象（ある物体が燃える）の開始時点から継続時間のすべてが話し手の視野に入っている場合には完成相（燃

える）が選択され、(26) のようにある事象（板橋が何かを燃やす）の継続時間のみが話し手の視野に入っている場合には継続相（燃やしている）が選択される。

3.2　日中両語の「左／右」の決定のされ方と視点

次に、日中両語の「左／右」の決定のされ方について。

たとえば、ここに三人の女性が写っている写真がある（図6；野田尚史（1987: 235）の図に「田中」の文字を加えたもの）。

図6　三人の女性の写真

野田（1987）の調査によると、この写真について日本語話者（筑波大学日本語・日本文化学類の学生など10代から60代までの130名）に「田中先生の奥さんの左にいる人は誰ですか」と尋ねたところ、「山下さん：65％」、「佐藤さん：31％」、「分からない：4％」という結果が得られたとのことである。「65：31」という比率をどのように評価するかは難しいが、とりあえず、日本語話者は写真を見ている自分自身を基準に「左／右」を決定する（「山下さん」と回答する）傾向が強いということは言えそうである。

さて、自分自身を基準として「左／右」を決定するというのは一見当たり前のことにも思えるが、この傾向は必ずしもすべての言語に当てはまるというわけではない。たとえば、方経民（1987）は中国語話者の「左／右」の用法について調査しているが、その調査結果を見る限り、日本語話者と中国語話者とでは「左／右」の用法

が大きく、或いは部分的に異なるようである。

　方経民は中国語話者（15–17歳の年齢層66名、25–45歳の年齢層80名、計146名）を対象に次の三つの質問を行った（方経民（1987: 54））*4。

（一）　ある人があなたとの待ち合わせ場所に「大光明映画館の左側の商店で会いましょう」と指定した場合、あなたは自分自身を基準として左右を決定しますか（A）、それとも「大光明映画館」を基準として左右を決定しますか（B）。

（二）　「集合写真の王君の左側三人目は誰ですか」と尋ねられたとき、あなたは自分自身を基準として左右を決定しますか（A）、それとも王君を基準として左右を決定しますか（B）。

（三）　新聞の集合写真の説明で「左から三番目は×××氏」と書いてあります。あなたは自分自身を基準として左右を決定しますか（A）、それとも写真に写っている人を基準として左右を決定しますか（B）。

その結果は以下の通りである。

表1　質問（一）～（三）の結果（方経民（1987: 54）より）

質問	15–17歳（66名）		25–45歳（80名）	
	A	B	A	B
（一）	2（3.0%）	64（97.0%）	15（18.8%）	65（81.2%）
（二）	12（18.2%）	54（81.8%）	14（17.5%）	66（82.5%）
（三）	24（36.4%）	42（63.6%）	49（61.3%）	31（38.7%）

　質問（三）に対する「25–45歳」の回答のみA（61.3%）がBを上回っているが、それ以外はいずれの質問に対するいずれの年齢層の回答もBがAをはるかに上回っている。特に、質問（二）は集合写真を用いているという点で先に取り上げた野田（1987）の調査と類似しているが、いずれの年齢層でも80%以上が「写真に写っている人を基準として左右を決定する（B）」と回答している。これは、野田の調査で日本語話者は自分自身を基準として「左／右」を決定する（「山下さん」と回答する）傾向が強いことが明ら

かになったのと対照的である。

そこで筆者としても、「左／右」の決定のされ方の日中両語の異同について野田や方経民よりも詳細に調査するために、図6を用いて次のようなアンケート調査を行った。

(27) （図6の写真を提示して）
    a   田中さんの左は誰ですか。／田中的左边是谁？
    b   田中さんの左に立っているのは誰ですか。／站在田中左边的是谁？
    c   一番左は誰ですか。／最左边的是谁？
    d   一番左に立っているのは誰ですか。／站在最左边的是谁？

被験者は帝塚山大学現代生活学部在籍の日本語話者計82名（調査日：2015年6月16日）と、北京第二外国語大学日本語学院在籍の中国語話者73名（調査日：2015年9月7–11日）である。協力してくださった皆様に心から感謝申し上げる。

準備した四つの質問の意図は、「田中」が質問文中に出現するか否か（「a, b」vs.「c, d」）、「田中」たちの様態（立っている）が質問文中に含まれるか否か（「a, c」vs.「b, d」）がそれぞれ「左／右」の決定にどの程度影響するかを調査したいというものである。なお、それぞれの被験者にはa〜dの質問のうち一つだけが印刷してある用紙をランダムに配布し、一つの質問にのみ回答していただいた。これは、同一人物に四つの質問すべてに回答していただくならば、ある質問に対する語感が他の質問に影響することがどうしても避けられないからである。

調査の結果は次の表2の通りである。

この調査結果から、日中両語の「左／右」の決定のされ方に視点がどのように関与していると考えることができるだろうか。

まず、日本語話者は全体として「山下」と回答した人が多かった（山下：佐藤 = 66：34）。そして、質問項目別に見ると、質問a, bでは「山下」と「佐藤」がほぼ半数ずつであるのに対して、質問c, dではそれぞれ75%以上、85%以上が「山下」と回答している。この事実から、日本語では話し手は（基本的に）自分自身の現在位

表2 「左／右」に関する調査結果

質問	日本語話者		中国語話者	
	山下	佐藤	山下	佐藤
a	10名（47.6%）	11名（52.4%）	3名（16.7%）	15名（83.3%）
b	10名（50.0%）	10名（50.0%）	6名（28.6%）	15名（71.4%）
c	14名（77.8%）	4名（22.2%）	8名（47.1%）	9名（52.9%）
d	20名（87.0%）	3名（13.0%）	7名（41.2%）	10名（58.8%）
計	54名（65.9%）	28名（34.1%）	24名（32.9%）	49名（67.1%）

置から見て「左／右」を決定する傾向が強いと考えることができる。つまり、日本語の「左／右」には〈視座：話し手が対象物（写真）をどこカラ見ているか〉という意味で視点が関与するということである。

ただし、質問a, bについては半数（以上）の被験者が「佐藤」と回答していることから、「左／右」の決定のされ方に対する〈視座〉の関与の仕方は比較的弱いと考えなければならない[5]。そして、質問a, bでこのような結果となったのは、質問文中に「田中」が出現することが話し手に当該の事象を「太郎」の位置から見ることを選択させたからであろう。これは、「*田中は私に叱られた。」は不適格であっても「田中は私に叱られて、相当ショックだったようだ。」のようにすれば適格になるという現象と相通じるものがあるようにも思われる。

次に、中国語について。a～dのすべての質問に対して半数以上の被験者が「佐藤」と回答し、全体では「山下：佐藤＝33：67」という結果になった。また、質問項目別に見ると、質問a, bでは「佐藤」と回答した人が特に多く、それぞれ80％以上、70％以上である。

このことから、少なくとも日本語と同じように〈視座〉が関与すると考えるのは無理がある。そのように考えるならば、中国語話者のほとんどは自分自身を差し置いて「田中」の位置から見て「左／右」を決定するということになる。これは合理的な考え方ではない。

結論から先に言うと、中国語では「左／右」の決定のされ方にも

〈注視点〉が関与すると思われる。ただし、ここで注視点が関与するというのは、注視点（この場合は「写真」）の性質が、「左／右」を決めるにあたって話し手が「{相対／内在／絶対} 参照枠」（Levinson（1996））のうちのどの参照枠を採用する（しやすい）かを決定するという意味においてである。単純に〈注視点〉＝「どこを見ているか」という意味においてではない。

ここで、「相対参照枠」とは自分自身を基準とするもの、「内在参照枠」とは自分以外のモノ・コトを基準とするもの、そして「絶対参照枠」とは環境に埋め込まれた座標軸（東西南北など）を基準とするものである。

つまり、全体的に「佐藤」と回答した被験者が多かった（67％）のは、内在参照枠が選択され、自分自身ではなく「田中」を基準として「左／右」が決定される傾向が強いということを意味し*6、そのようになるのは本調査の〈注視点〉である「写真」が人間（田中）という参照枠を内在している（人間は「前／後、左／右」を有することから参照枠になり得る*7）ことによるというわけである。

今回の調査で、質問a, bにおいて「佐藤」と回答した被験者がとりわけ多かった（それぞれ80％以上、70％以上）のは、質問文中に「田中」が出現することで内在参照枠が採用される可能性がより高められたからであろう。また、質問文中に「田中」が出現しなくとも田中が参照枠になり得る存在であることに変わりはない。実際、質問c, dにおいても半数の被験者が「佐藤」と回答している。

以上から、日本語の「左／右」の決定のされ方と中国語のそれとの間にも視座 vs. 注視点という対立が認められると言うことができる。このように考えることで、少なくとも（27）a–dの各質問に対する日本語話者と中国語話者の回答については合理的な説明を与えることが可能となる。

3.3　完成相／継続相、「左／右」を加えた視点の体系

では、日中両語の完成相／継続相、及び「左／右」は視点の体系の中にどのように位置付けることができるだろうか。

3.1～3.2節で述べたように、完成相／継続相にも「左／右」に

も、〈視座〉が関与する日本語 vs.〈注視点〉が関与する中国語という対立が認められ、この点は日中両語の他動詞文／（ニ）受動文の選択と共通している。

ただし、他動詞文／（ニ）受動文（など）では事象の参与者（動作主・被動作主・間接的受影（益）者）をどのように見ているかが問題となるのに対して、完成相／継続相では時間軸上に生起する事象そのものをどのように見ているかが問題となり、また、「左／右」では空間に生起する存在をどのように見ているかが問題となるので、この三者では視点の関与の仕方の質が異なると考えざるを得ない。

以上の点を踏まえつつ、日中両語の完成相／継続相、及び「左／右」を加えた視点の体系を作り直すならば、おおよそ次の図7のようになると思われる。

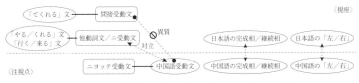

図7　日中両語の完成相／継続相、「左／右」を加えた視点の体系

さて、本書では「視点に関する一般原則を立てる→日本語（或いは、他言語）の数多くの文法項目の説明に適用」という順番は取らなかった。そうではなく、「一つ一つの文法項目に視点がどのように関与しているかを検討→複数の文法項目に対する視点の関与の仕方の共通点・相違点を整理」という順番を取った。そのようにして構築されたのが図7のような視点の体系である。

では、この視点の体系の図から、私たちは、「日本語（そして、中国語）のモノ・コトの見方」についてどのような特徴を読みとることができるだろうか。本書の最後に、この点について節を改めて考えたいと思う。

4. 視点の体系から読み取れる日本語の特徴

　日本語（そして、中国語）はモノ・コトをどのように見る言語であろうか。モノ・コトの見方に関して日本語（そして、中国語）の数多くの文法項目に共通する特徴は何であろうか。

　図7を見ると、まず、全体的に〈視座：モノ・コトをどこカラ見ているか〉が反映しやすい日本語 vs.〈注視点：モノ・コトのどこヲ見ているか〉が反映しやすい中国語という対立を見出すことができる。

　視座が反映しやすい日本語では、視座は事象の内側から外側に至るまで様々なところに位置し、観察対象である事象はその場所からの見え方に基づいて言語化される。

(28) a　太郎が次郎を殴った。（視座：太郎の立場（事象の内側））
　　　b　次郎が太郎に殴られた。（視座：次郎の立場（事象の内側））
(29) a　秀吉が大阪城を建てた。（視座：秀吉の立場（事象の内側））
　　　b　大阪城が秀吉によって建てられた。（視座：事象の外側）

　そして、より重要な点として、視座の重要度が高い日本語では「視座が話し手から離れない（離れにくい）」ということを指摘することができる。

　ここで、「視座が話し手から離れない」とは、カメラを使った写真撮影で言えば、三脚などを使うこともせず、誰か他の人にカメラを託して撮影を依頼することもせず、自分自身の目の位置にカメラを構えて撮影している（＝カメラがカメラマン自身から離れていない）状態のことである（図8）。この状態のことを、ここでは「カメラーカメラマン一体方式」と呼んでおこう。この場合、カメラマン自身が写真に写ることは絶対にない。

　日本語のモノ・コトの見方はまさにこのカメラーカメラマン一体方式で、視座（カメラ）が話し手（カメラマン）から離れない。そのため、日本語では視座がどこにあっても話し手自身（私）は文中に顕現しにくい。

(30)　（「私（B）が太郎を殴った」という事象について）
　　　A：　あのとき君は何をしましたか。

図8 カメラーカメラマン一体方式の撮影

B1:　太郎を殴りました。(視座:「私」の立場(事象の内側))
B2:?私は太郎を殴りました。(視座:「私」の立場(事象の内側))

(31)（「太郎が私(B)を殴った」という事象について）
A:　あのとき何があったんですか。
B1:　太郎に殴られたのです。(視座:「私」の立場(事象の内側))
B2:?私は太郎に殴られたのです。(視座:「私」の立場(事象の内側))

(32)（「私がお茶を入れた」という事象について*8）
a　お茶が入りました。(視座:事象の外側)
b　*お茶が私によって入れられました。(視座:事象の外側)

視座が話し手から離れないという特徴は、たとえば感情形容詞文にも反映する。日本語では視座は話し手から離れないため、話し手（私）自身の感情と他の存在の感情とでは見え方が全く異なることになる。そのことを反映して、よく知られているように、「私」自身の感情に言及する場合と他の存在の感情に言及する場合とでは述語の形式を使い分ける必要がある。

(33)a　(私は)嬉しい！
b　*太郎は嬉しい。
c　太郎は嬉しそうだ。

それだけでなく、「私」自身の感情に言及する場合に「私」が文中に顕現することはほとんどない。

第7章　視点研究の体系化の試み　197

(34) A ： どうだ、嬉しいだろう？
　　　B1： うん、嬉しい！
　　　B2：?? うん、私は嬉しい！

　これも、視座が話し手から離れないため、話し手（私）には自分自身が見えていないことによると考えられる。
　ただし、次の例が示すように、日本語でも視座が話し手から離れることが全くないわけではない。

(35) A ： 太郎、元気ないみたいだけど、どうしたのかな。
　　　B1： 太郎なら、<u>私に叱られて</u>、ショックを受けているんですよ。
　　　B2： 太郎なら、<u>私が叱ったんで</u>、ショックを受けているんですよ。

　(35)B1では当該の事象は話し手（私）自身ではなく「太郎」の立場から見られている。これは、話し手が太郎にカメラを託し、太郎の立場から当該の事象を撮影している状態であると考えられる。また、B2では事象は「私」の立場から見られているが、「私」が文中に顕現していることから、「私」が腕を伸ばしてカメラを構え、その状態で事象の参与者である「私」（及び、太郎）を撮影していると考えられる。いずれにしても、視座（カメラ）は話し手（カメラマン）から離れている。
　とはいえ、B1は話し手がカメラを他人に託しているせいか、話し手は客観的事実を淡々と語っているだけであるという印象を与え、話し手自身も参与者の一人であるにもかかわらず話し手の当事者意識があまり感じられない。そして、日本語ではこのような言い方が非常に好まれるということはない。
　またB2については、視座が話し手から離れているとは言うものの、その距離は比喩的に言えば「人間の腕の長さ」ほどであり、それほど大きく離れているわけではない。なお、B2で視座が話し手からそれほど大きくは離れていないということは、B2は「てしまう（ちゃう）」のような話し手の心理を表す表現と共起できるということからも了解される。

(36) B3： <u>私が叱っちゃったんで</u>、ショックを受けているんです

よ。

　このように、視座が話し手から離れることも絶対にないとは言い切れないが、そのようなモノ・コトの見方はあまり積極的に選択されるものではないし、また、たとえそのようなことがあったとしても視座と話し手がそれほど大きく離れることはない。

　以上、日本語は〈視座〉の重要度が高い言語であり、そのためか視座が話し手から離れない言語であるということを述べた。

　なお、「視座が話し手から離れない」という特徴に着目して、日本語は視点固定型言語であるという論を展開している研究がある（彭广陆（2008b）、森山新（2006）など）。たしかに、そのような考え方にも一理あると言うことができる。しかし、事象の内側から外側に至るまで視座があらゆるところに移動するということに着目するならば、日本語はむしろ視点移動型言語であると考えることもできるわけで、実際にそのような論を展開している研究も存在する（下地（2004）など）。このように、日本語は視点固定型言語らしさも視点移動型言語らしさも有しており、どちらであると考えるかは日本語に認められるどのような特徴に着目するかによって違ってくる。蛇足ながら、このような理由から、筆者としては、日本語は視点固定型言語であるとする立場にも、視点移動型言語であるとする立場にも与しないということを申し添えておく。

　さて、「視座が話し手から離れない」という日本語の特徴は、中国語の幾つかの文法項目と対照することでより明確になるように思われる。少なくとも、他動詞文／受動文の選択、完成相／継続相の選択、「左／右」の決定のされ方といった文法項目を見る限り、視座の重要度が高い日本語とは異なり、中国語は全体的に〈注視点〉が反映されやすい言語であると言えそうである。そして、注視点が反映しやすい中国語では、視座は常に観察の対象である事象から離れたところ（＝外側）に位置することになる（第5章第6節を参照のこと）だけでなく、事象の外側に位置する視座はすでに話し手から離れてしまっているようである。

　ここで、「視座が話し手から離れる」とは、次の図9のように（いま流行りの）自撮り棒を使って写真を撮影しているような状態

である。この状態のことを、ここでは「自撮り棒方式」と呼んでおこう。

図9　自撮り棒方式の撮影

　図9でカメラマンの男性は自撮り棒を使うことでカメラを自分自身から離れたところから構えている。つまり、カメラとカメラマンが離れている。このようにすれば、まさに図9のカメラマンがやっているように自分自身を写真に収めることも可能である。

　中国語のモノ・コトの見方はこの自撮り棒方式で、視座（カメラ）が事象から離れているのみならず、話し手（カメラマン）からも離れている。そのため、話し手（私）自身も他の存在も全く同じように観察・叙述の対象となる。その表れの一つが、"X 被我 V"（X が私に V（ら）れる）式の受動文であった（第6章4.3節を参照のこと）。

　(37)　杯子　　被　　我　　打-碎　　了。
　　　　コップ　られる　私　叩く-粉々になる　asp

　　　（コップは私に叩かれて割れた。）（＝(20)）

　また、感情形容詞文も視座が話し手から離れていることの表れの一つである。日本語とは異なり、中国語では誰の感情について言及する場合でも全く同じ述語の形式を用いることができる。

　(38)a　我　　很　　高兴！（私は嬉しい。）
　　　　私　とても　嬉しい

　　　b　小张　　很　　高兴。（張くんは嬉しい。）
　　　　張君　とても　嬉しい

　さらに、「私」自身の感情について言及する場合であっても、

"我"（私）が文中に顕現するのが一般的である。

(39) A： 你　　高兴　　吧？（あなたは嬉しいでしょう？）
　　　　あなた　嬉しい　語気助詞

　　B1： 我　　很　　高兴！（私はとても嬉しい！）
　　　　私　とても　嬉しい

　　B2：??很　　高兴！（とても嬉しい！）
　　　　　とても　嬉しい

　これら（38）、（39）のような現象も、中国語では視座が注視点から離れているため、話し手（私）自身も他の存在も全く同じように観察・叙述の対象となっているからこそ起こるのである。

　以上、第4節では、日本語と中国語の幾つかの文法項目を対象とした視点の体系（図7）から「〈視座〉が反映しやすい日本語vs.〈注視点〉が反映しやすい中国語」という対立が読み取れること、そして、これとの関係で「日本語のモノ・コトの見方には視座が話し手から離れない（カメラ―カメラマン一体方式）」という特徴が認められるということを述べた。

5．本章のまとめ

　本章では、「日本語（そして、他言語）の複数の文法項目について同一の（或いは、少数の）原理・原則をもって統一的に解釈することを可能にしてくれる」という言語研究の分野における「視点」の魅力を引き出すべく、視点研究の体系化（＝視点から見た複数の文法項目間のネットワークの構築）に取り組んだ。

　まず第2節では、日本語の三種の受動文（ニ受動文・間接受動文・ニヨッテ受動文）を中心に据え、視点の関与の仕方の点でこれらの項目と共通点を有する他の項目をその周辺部に位置付けることで、「(て)やる／(て)くれる」文、「行く／来る」文、日中両語のヴォイスの文（他動詞文／受動文）といった本書でこれまで扱ってきた文法項目を対象にした視点の体系を構築した。次に第3節では、日中両語のアスペクト形式（完成相／継続相）や「左／右」も対象に加えたより大きな体系を構築することを試みた。

最後に第4節では、ここまでで構築された体系を見るならば、全体的に〈視座〉が反映しやすい日本語vs.〈注視点〉が反映しやすい中国語という対立が読み取れること、そして、視座の重要度が高い日本語では視座は話し手から離れない（離れにくい）ということを述べた。

＊1　間接受動文で受影者が受ける「影響」は常に間接的なものであるが、「てくれる」文で受益者が受ける「利益（恩恵）」は直接的である場合と間接的である場合がある。これは、「影響」が直接的である場合と間接的である場合についてニ受動文と間接受動文が棲み分けを行っているのに対して、「利益（恩恵）」が直接的である場合と間接的である場合についてはともに「てくれる」文で表されるからであろう。

＊2　第6章第6節でも述べたように、視座が事象そのものから離れれば離れるほど、視座がどこにあるかはそれほど大きな問題にはならなくなり、注視点（事象のどの部分を見るか）の重要度が高くなる。反対に、視座が事象そのものに近づけば近づくほど、視座（事象をどこから見るか）の重要度が高くなり、注視点はそれほど大きな問題にはならない。

＊3　ただし、たとえば「思う」のような動詞の場合、「??太郎はそれは間違いだと思う。」と「○太郎はそれは間違いだと思っている。」の比較（など）から、継続相こそ話し手が当該の事象をその外側から見ていることを示すという見方も可能である。完成相／継続相の選択に話し手の視点がどのように関与するかについては、動詞の種類などをはじめとして様々な要素を念頭に置きつつ詳細に検討していく必要がある。

＊4　三つの質問の原文は以下の通り。
　　一、如果有人约你在大光明电影院左边的商店见面，你是以自己为准定左右（A），还是以大光明电影院为准定左右（B）？
　　二、如果有人问你集体照上小王左边第三人是谁，你是以自己为准定左右（A），还是以小王为准定左右（B）？
　　三、报上集体照说明：左起第三人是×××，你是以自己为准定左右（A），还是以照片上的人为准定左右（B）？

＊5　これに対して、たとえば「やる／くれる」文には〈視座：話し手が当該の事象を誰（モノの与え手／受け手）の立場カラ見ているか〉が非常に強く関与する。そのため、「＊私は田中にプレゼントをくれた。」が不適格となるのはもちろんのこと、「＊私が田中にプレゼントをくれて、太郎は嬉しそうだった。」のように、話し手に当該の事象を「田中」の立場から見ることを選択させる要素を前後に追加するなどしても、文全体は依然として不適格となる。

＊6　「田中を基準として「左／右」を決定する」ことは「話し手の〈視座〉が

田中の位置にある」ことを意味するわけではない。話し手はあくまで〈視座：写真の外側〉から〈注視点：写真（の中の田中たち）〉を見ているのである。

＊7　言うまでもなく、人間の「前」は顔面の側、「後ろ」は背中の側である。また、「左／右」はそれぞれ左手足／右手足の側である。

＊8　この事象の場合、「私」の立場（事象の内側）から見る（（私が）お茶を入れました。）というのはあまり好まれず、一般的に事象の外側から見ること（お茶が入りました。）の方が好まれるが、「私」の立場（事象の内側）から見る場合でもやはり「私が」は文中に顕現しない方がより自然である（「お茶を入れました。」の方が「私がお茶を入れました」より自然である）。

第8章
本書のまとめ

 本書の最後に、本書で考察した内容を今一度振り返った上で、従来の視点研究とは異なる本書の貢献や、視点研究の今後に向けた課題について述べておきたい。

1. 内容の振り返り

 本書は、私たちの言語に「視点」がどのように関与しているかを明らかにしていくことを目的とした研究である。

 第1章では本書の方針と目標について述べた。
 本書の方針は、日本語学（言語学）の分野においても視点という語を「モノ・コトを見るポイント＝モノ・コトの見方」という本来の意味でのみ用いるというものである。ただし、「見る」という行為は〈視点人物・注視点・視座・視野・見え〉（＝誰がどこをどこから見ていて、その結果どこからどこまでがどのように見えているか）という五つの要素の複合体であるため、なかなかに厄介である。したがって、視点という語をその本来の意味でのみ用いるという方針の本書では、ある文法項目に視点が関与すると言うとき、その「視点」とは上記五つの要素のうちのどれであるかという点に細心の注意を払うことにした。
 そして、本書では視点研究の精緻化と体系化を目標とした。つまり、一つ一つの文法項目に視点がどのように関与しているかを詳細、且つ慎重に検討し、その考察結果に基づいて複数の文法項目に対する視点の関与の仕方の共通点・相違点を整理し、視点から見た複数の文法項目間のネットワークの構築を試みることにした。それは、「複数の文法項目について同一の（或いは、少数の）原理・原則を

もって統一的に解釈することを可能にしてくれる」という「視点」の魅力が大いに引き出されることを期待してのことであった。

　第2章では「視点」に関する先行研究の整理を行った。
　視点が関係する先行研究は数限りなく存在する。そこで本書では、先行研究を次のように大きく四つに分類することにした。すなわち、（ⅰ）視点研究の「流れ」を形成している二大研究（久野暲の研究と池上嘉彦の研究）、（ⅱ）視点の定義についての研究（井島正博（1992）、渡辺伸治（1999）など）、（ⅲ）視点と個別の文法項目についての研究、（ⅳ）視点に関する日英・日中対照研究の四つである。その上で、それぞれのグループにどのような研究があるか、順を追って概観した。
　この章で取り上げた数々の先行研究が証明しているように、視点はたしかに個別言語の研究や二つ（以上）の言語の対照研究に寄与してきた。しかし、これらの研究では「モノ・コトの見方（モノ・コトをどのように見ているか）」という視点の本来の意味がそれほど強くは意識されていないようにも思える。これに対して、本書では、視点という語をその本来の意味でのみ用いることで、視点研究の精緻化と体系化の実現を目指すということを再度確認した。

　第3章では「やる／くれる」文、「行く／来る」文と視点の関わりについて考察した。
　まず、「やる／くれる」文と「行く／来る」文には〈視座：話し手が当該の事象を誰（「モノの与え手／受け手」、「移動行為者／移動先」）の立場カラ見ているか〉という意味で視点が関与するということを述べた。その上で、話し手が当該の事象をどちらの（「モノの与え手／受け手」、「移動行為者／移動先」）立場から見るかはどのように決定されるのかをできるだけ明らかにするべく、「準一人称」の範囲の問題、二人称の位置付けの問題、三人称同士の授与・移動における視点の決定のされ方の問題について検討した。
　「準一人称」の範囲の問題については、「やる／くれる」文では話し手が「私の〜」、「うちの〜」と呼ぶことができる存在が「準一人

称」に含まれ、「行く／来る」文では「話し手の恒常的な位置」や「過去・未来における話し手位置」、そして「話し手の現在位置から出発する（話し手以外の）存在」や「話し手の意向で当該の移動を行う存在」などが「準一人称」に含まれるということを述べた。

　二人称の位置付けの問題については、二人称は「やる／くれる」文では一人称の側に位置付けられ（［Ⅰ・Ⅱ］vs. Ⅲ）、「行く／来る」文では三人称の側に位置付けられる（Ⅰ vs.［Ⅱ・Ⅲ］）ということが明らかになった。

　三人称同士の授与・移動における視点の決定のされ方の問題については、三人称同士の授与・移動の場合、話し手は基本的にモノの与え手と受け手、移動行為者と移動先のうち談話主題である方の立場から当該の事象を見ることになる。ただし、「モノの受け手・移動先」の方が談話主題である場合には「やる」と「くれる」、「行く」と「来る」ともに適格となる。これは、「モノの受け手・移動先」の立場から見ること（くれる・来る）はもちろんのこと、「中立の視点」（やる・行く）も許可されるからである。

　第4章では授与補助動詞「てやる／てくれる」文と視点の関わりについて考察した。

　まず、「てやる」と「てくれる」の視点のあり方について、「てやる／てくれる」文で表されるコトの授与の事象にはコトの与え手（A）、受け手（P）、そして直接的・間接的受益者（B）の三者が参与するということに十分に留意しつつ考察し、「てやる」は〈視座：話し手が当該の事象をコトの与え手（A）の立場から見ている〉ことを示す、「てくれる」は〈視座：話し手が当該の事象を直接的・間接的受益者（B）の立場から見ている〉ことを示すということを明らかにした。

　その上で、話し手が当該の事象を誰の立場から見るかが人称の上位・下位では決まらない場合（三人称同士のコトの授与）に話し手の視点がどのように決定されるのかについて考察した。その結果として、「新登場人物（A）→談話主題（P）」のコトの授与の場合、基本的には話し手は当該の事象を直接的受益者（P／B）である三

人称の談話主題か、間接的受益者（B）である話し手（私）自身の立場から見ることになる（てくれる）が、中立の視点が可能になることもある（てやる）ということ、そして、「談話主題（A）→新登場人物（P）」のコトの授与の場合、話し手が当該の事象の間接的受益者になり得るとは感じられない場合には動作主（A）である三人称の談話主題の立場から見ることになる（てやる）が、話し手が受益者になり得る場合には間接的受益者（B）である話し手自身の立場から見ることになる可能性も出てくる（てくれる）という観察結果を得た。

さらに、二人称の位置付けの問題についても考察し、「てやる／てくれる」文では二人称は一人称の側に位置付けられる（［Ⅰ・Ⅱ］vs. Ⅲ）という結論を得た。

第5章はヴォイスの文（他動詞文／受動文）と視点についての考察である。

ここではヴォイスの文の中でも特に受動文に注目し、受動文をニ受動文、間接受動文、ニヨッテ受動文の三つに分類することにした。

まず、他動詞文では動作主に、ニ受動文では被動作主にそれぞれ視点があると言うときの「視点」の意味について改めて考察し、「他動詞文／受動文」に関与するのは〈視座：話し手が当該の事象を誰（動作主／被動作主）の立場カラ見ているか〉という意味での視点であるということを確認した。また、これを承けて、他動詞文／受動文の選択には視点が実際にはどの程度強く関与するのかについても考察を行い、次のような点を整理した。

ニ受動文の方がその有標性のゆえに他動詞文よりも視点が強く関与する：非一人称主語の他動詞文「太郎は私を殴った。」は適格となることもあるが、非一人称主語のニ受動文「*太郎は私に殴られた。」は適格にはなりにくい。

「［＋有情］＞［－有情］」の視点の序列は他の序列よりも厳格である：他動詞文ならば、たとえば［－特定］の他動詞文「誰かが太郎を襲った。」は適格となることもあるが、［－有情］の他動詞文「?苦しみが太郎を襲った。」は対応する受動文「太郎が苦しみに襲

われた。」と比べて不自然である上に、使用される場面がかなりの程度制限される。

　従属節の主節に対する従属度が高いほど視点固定の原則が強く関与する：「ながら」節のように従属度が高い複文では視点固定の原則が強く関与するが（例：「＊みんなが太郎を見守りながら、太郎はここまで成長した」、「○太郎はみんなに見守られながら、ここまで成長した」）、「けれど」節のように従属度が低い複文では視点固定の原則はそれほど強くは関与しない（例：「私は大事なところで失敗したけれど、みんなは私を責めなかった」、「○私は大事なところで失敗したけれど、みんなに責められなかった」）。

　さらに、間接受動文とニヨッテ受動文に対する視点の関与の仕方についても考察し、間接受動文は〈視座：話し手が当該の事象を間接的受影者の立場カラ見ている〉ことを示し、ニヨッテ受動文は〈（視座＋）注視点：話し手が当該の事象の全体ヲ見ている〉ことを示すということを述べた。

　第6章はヴォイスの文（他動詞文／受動文）と視点に関する日中対照研究である。

　まず、中国語のヴォイス（他動詞文／受動文）の選択には〈注視点：話し手が当該の事象の参与者のうち誰（動作主／被動作主）ヲ見ているか〉という意味で視点が関与するということを明らかにした。中国語には［＋致使力］の動作主は他動詞文の主語になりやすい、［＋変化］の被動作主は受動文の主語になりやすい、動作主／被動作主のうち「旧情報」の方を主語にすることを旨としてヴォイスの選択が行われる傾向が強いといった特徴が認められることがその根拠である。

　さらに、日中両語の他動詞文／（ニ）受動文の選択の一致・不一致、間接受動文の発達度の違い、ニヨッテ受動文と中国語受動文の異同について、日中両語のヴォイスと視点に関してここまでで明らかになっている事柄に基づいて説明を与えることを試みた。

　日中両語の他動詞文／（ニ）受動文の選択の一致・不一致については、日本語では〈視座：誰の立場カラ見るか〉に基づいて、また

中国語では〈注視点：話し手が誰ヲ見るか〉に基づいてヴォイスの選択がなされるため、日本語における〈視座〉と中国語における〈注視点〉が一致する場合にはヴォイスの選択も一致し、これが一致しない場合にはヴォイスの選択も一致しないということを述べた。
　間接受動文の発達度の違いについては、〈視座〉が関与する日本語では話し手にとって当該の事象を間接的受影者である話し手自身（或いは、心理的に話し手に近い存在）の立場から見るのは非常に容易なことであるのに対して、〈注視点〉が関与する中国語では当該の事象に間接的に参与するにすぎない間接的受影者は明らかに目立たない存在であり、話し手がこれを見ることを選択するのは困難であり、この違いが日中両語における間接受動文の発達度の差をもたらしているということを述べた。
　ニヨッテ受動文と中国語受動文の異同については、両者ともそもそも話し手が当該の事象を主語の位置を占める非／被動作主の立場から見ていることを示すものではないため、（視点の序列が下位であるはずの）［－有情］の存在でも受動文の主語の位置を占めることができるという点が共通しているが、一方で、「＊Xが私によってV（ら）れる」式のニヨッテ受動文は不適格となるのに対して、中国語では"X 被我 V"式の受動文も適格となり、この点で両者は特徴を異にするということを述べた。なお、このような相違が生じるのは、日本語では自分自身をも客体化して見るというモノ・コトの見方をあまりしないのに対して、中国語ではそのような見方をすることが比較的多いという日中両語の特徴の違いによる。

　第7章では本書の二つ目にして最大の目標である視点研究の体系化（＝視点から見た複数の文法項目間のネットワークの構築）に取り組んだ。
　まず、日本語（及び、中国語）の数ある文法項目の中でも日本語の三種の受動文（ニ受動文、間接受動文、ニヨッテ受動文）を中心に据え、視点の関与の仕方の点でこれらの項目と共通点を有する他の項目をその周辺部に位置付けることで、「（て）やる／（て）くれる」文、「行く／来る」文、日中両語のヴォイスの文（他動詞文／

受動文）といった本書でこれまで扱ってきた文法項目を対象とした視点の体系を構築した。そしてさらに、日中両語のアスペクト形式（完成相／継続相）や「左／右」も対象に加えたより大きな体系を形成することも試みた。その現時点での成果が、第7章（3.3節）で示した図7である。

また、ここまでで構築された視点の体系の図から日本語（或いは、中国語）の特徴についてどのような事柄を読みとれるのかについても考察し、全体的に〈視座〉が反映しやすい日本語vs.〈注視点〉が反映しやすい中国語という対立が読み取れること、そして、視座の重要度が高い日本語では視座は話し手から離れない（離れにくい）ということを述べた。つまり、日本語はカメラーカメラマン一体方式のモノ・コトの見方をする傾向が強いのに対して、中国語は自撮り棒方式のモノ・コトの見方をする傾向が強いということである。

2. 従来の視点研究とは異なる本書の貢献

では、本書の取り組みは日本語学（言語学）研究や視点研究の分野に対してどのように貢献することができたのだろうか。そして、それは従来の視点研究とはどのように異なるのだろうか。

久野（1978）が「視点」という概念を日本語学（言語学）の領域に導入して以来、視点研究は非常に活発に行われている。実際、視点との関係で議論がなされてきた文法項目は枚挙に暇がない。しかし、視点研究の活性化に伴い、視点という術語が研究者や議論の対象とする文法項目によって実に様々な意味で用いられるようになり、そもそも視点とは何かという根本的な問題が発生することになった。また、それぞれの研究における視点という術語の用いられ方をよく見てみると、「主語の選択」、「基準点」など他の概念を「視点」と言い換えたに過ぎない（のではないか）というケースが意外と多く見受けられる。では、なぜそのようなことになったのかと言えば、従来の研究では視点という語の本来の意味が十分に意識されることが少なかったからである。

それに対して、本書では視点という語をその本来の意味、すなわち「ある人があるモノ・コトをどのように見ているか（＝モノ・コトの見方）」という意味でのみ用いるという態度を徹底した。これが従来の視点研究と本書の大きな違いである。
　より具体的には、まず視点という概念を「見る」という行為を構成する〈視点人物・注視点・視座・視野・見え〉の五つの要素の複合体であると捉えるところから出発した。
　その上で、授与動詞文、移動動詞文、日中両語のヴォイスの文などの個別の文法項目に上記五つのうちどの要素がどのように関与しているのかを詳細に検討した（＝視点研究の精緻化）。その結果、「（て）やる／（て）くれる」、「行く／来る」、日中両語の「他動詞文／（ニ）受動文」の選択のされ方がこれまで以上に明確になった。特に、視点研究における二人称の位置付けを明確にしたことや、いわゆる「視点固定の原則」が適用されやすいのはどのような場合であるかを明確に整理したことなどは本書の大きな成果の一つである。また、他言語（中国語）にも目を向けることで、日中両語のヴォイス（他動詞文／（ニ）受動文）の選択の異同の理由などについて視点研究の立場から適切な説明を加えることに成功しただけでなく、日本語という言語に対する視点の関与の仕方の特徴を相対化し、より明確に浮かび上がらせることもできた。
　そして、ある文法項目と別の文法項目に対する視点の関与の仕方の共通点と相違点を整理していくことで、視点研究の立場から日本語（及び、中国語）の複数の文法項目間の関連性を明らかにし、文法項目間のネットワークを構築することに成功した（＝視点研究の体系化）。
　このように、「視点」という語の本来の意味（＝モノ・コトをどのように見ているか）に基づく視点研究の方向性を提案したということ、そして、自らが提案した視点研究の方向性に基づいて考察を進め、視点研究の精緻化と体系化の両方の面である一定の成果をあげたこと、これが従来の視点研究とは異なる本書の貢献であると考える。

3. 視点研究の今後に向けて

　とはいえ、本書の考察は視点研究の"決定版"ではない。

　まず、扱うことができた文法項目が少ない。本書の中ですでに何度となく指摘してきたように、視点との関係で議論がなされることがある文法項目は驚くほど多岐にわたる。そのような中にあって、本書で詳しく取り上げることができたのは「（て）やる／（て）くれる」文、「行く／来る」文、日中両語のヴォイスの文（他動詞文／（ニ）受動文）のみである。このほか、日中両語のアスペクト形式（完成相／継続相）や「左／右」と視点の関係についてもごく簡単に取り上げたが、これらを加えたとしても本書で考察対象とすることができた文法項目の数はあまりに少ないと言わざるを得ない。そのため、本書で構築した「視点」から見た複数の文法項目間のネットワークは現段階では真の意味で価値あるものになりきれているわけではない。また、その分だけ一つ一つの文法項目と視点の関係についてはできる限り詳細に考察したつもりではあるが、まだまだ不十分なところも残されていることだろう。

　そして何より、本書で提案し、実践した視点研究の方向性がどの程度妥当なものであるかは今後より詳しく検討がなされていく必要がある。

　筆者自身は、今後とも、日本語（及び、他言語）の様々な文法項目には「見る」という行為を構成する〈視点人物・注視点・視座・視野・見え〉のどの要素がどのように関与しているだろうかという観点から視点研究を継続していきたいと考えている。本書の続きとして、本書で考察対象とすることができなかった項目（或いは、十分に詳しく考察することができなかった項目）についてもこの観点から考察していきたい。筆者にはこれこそが「視点」という語の本来の意味を十分に意識した健全な視点研究の方向性であるように思われるからである。

　しかし、本書の提案・実践が最もすぐれた視点研究の方向性であるという保証は（少なくとも今のところ）どこにもない。今後も視点研究を続けていくにあたって、本書で提案・実践した方向性に基

づいて視点研究の精緻化・体系化を進めていくことと、より良い視点研究の方向性について模索を続けていくことの両方が必要である。

　「視点」という術語は数多くの文法項目の説明にとって非常に便利なものである。しかし、便利であるからといってこの術語を安易に使用するというのは厳に慎むべきである。視点研究に携わる者は、自らが視点という術語をどのように用いているのか、そして、それは視点研究全体においてどのような位置付けになるのかという点を常に強く意識している必要がある。
　本書では、私たちの言語に「視点」がどのように関与しているのかという問題について、視点という語の本来の意味に基づいて考察するという方向性を明確に打ち出した。本書のこの取り組みが視点研究の今後に対して少しでも影響を与えるものになるならば、筆者としては非常に幸いである。

参考文献

―日本語文献―

天野みどり（2001）「無生物主語のニ受動文―意味的関係の想定が必要な文―」『国語学』205, pp.1–15.

池上嘉彦（1982）「表現構造の比較―〈スル〉的な言語と〈ナル〉的な言語―」国広哲也（編）『日英語比較講座 第4巻 発想と表現』, pp.67–110. 大修館書店.

池上嘉彦（2000）『「日本語論」への招待』講談社.

池上嘉彦（2003）「言語における〈主観性〉と〈主観性〉の言語的指標（1）」山梨正明・辻幸夫・西村義樹・坪井栄治郎（編）『認知言語学論考No.3』, pp.1–49. ひつじ書房.

池上嘉彦（2004）「言語における〈主観性〉と〈主観性〉の言語的指標（2）」山梨正明・辻幸夫・西村義樹・坪井栄治郎（編）『認知言語学論考No.4』, pp.1–60. ひつじ書房.

池上嘉彦（2006）「〈主観的把握〉とは何か―日本語話者における〈好まれる言い回し〉―」『月刊言語』35(5), pp.20–27.

池上嘉彦（2011）「日本語と主観性・主体性」澤田治美（編）『ひつじ意味論講座 第5巻 主観性と主体性』, pp.49–67. ひつじ書房.

井島正博（1988）「受身文の多層的分析」『防衛大学校紀要』57, pp.71–103.

井島正博（1992）「視点の表現機構」『成蹊大学文学部紀要』28, pp.1–38.

井島正博（1997）「授受動詞文の多層的分析」『成蹊大学文学部紀要』32, pp.63–94.

石丸晶子（1985）「文章における視点」『日本語学』4(12), pp.22–31.

井出里咲子・任栄哲（2001）「人と人とを繋ぐもの―なぜ日本語に授受動詞が多いのか―」『月刊言語』30(4), pp.42–45.

井上和子（1976）『変形文法と日本語（上）統語構造を中心に』大修館書店.

井上京子（1998）『もし「右」や「左」がなかったら―言語人類学への招待―』大修館書店.

大江三郎（1975）『日英語の比較研究―主観性をめぐって―』南雲堂.

大河内康憲（1983）「日・中語の被動表現」『日本語学』2(4), pp.31–38.

岡本真一郎・多門靖容（2014）「他者内心表現における人称制限の解除」『日本語文法』14(2), pp.67–83.

荻野千砂子（2007）「授受動詞の視点の成立」『日本語の研究』3(3), pp.1–16.

奥津敬一郎（1979）「日本語の授受動詞構文―英語・朝鮮語と比較して―」『人文学報』132, pp.1–27. 東京都立大学.

奥津敬一郎・徐昌華（1982）「「～てもらう」とそれに対応する中国語表現―

"请"を中心に―」『日本語教育』46, pp.92–104.

奥津敬一郎（1983a）「何故受身か？―〈視点〉からのケース・スタディ―」『国語学』132, pp.65–80.

奥津敬一郎（1983b）「授受表現の対照研究―日・朝・中・英の比較―」『日本語学』2(4), pp.22–30.

奥津敬一郎（1984）「授受動詞文の構造―日本語・中国語対照研究の試み―」『金田一春彦博士古稀記念論文集 第2巻』三省堂.（参照：奥津（1996）『拾遺日本文法論』, pp.371–391. ひつじ書房.）

奥津敬一郎（1986）「やりもらい動詞」『国文学 解釈と鑑賞』51(1), pp.96–102.

奥津敬一郎（1992）「日本語の受身文と視点」『日本語学』11(9), pp.4–11.

金谷武洋（2004）『英語にも主語はなかった―日本語文法から言語千年史へ―』講談社.

神尾昭雄（1985）「談話における視点」『日本語学』4(12), pp.10–21.

神尾昭雄（1990）『情報のなわ張り理論―言語の機能的分析―』大修館書店.

甘露統子（2004）「人称制限と視点」『言葉と文化』5, pp.87–104. 名古屋大学大学院国際言語文化研究科日本言語文化専攻.

甘露統子（2005）「「語り」の構造」『言葉と文化』6, pp.103–120. 名古屋大学大学院国際言語文化研究科日本言語文化専攻.

木村英樹（1981）「被動と「結果」」『日本語と中国語の対照研究』5, pp.27–46. 大阪外国語大学中国語学科.

木村英樹（1992）「BEI受身文の意味と構造」『中国語』1992年6月号, pp.10–15.

木村英樹（1996）『中国語はじめの一歩』筑摩書房（ちくま新書）.

金水敏（1989）「「報告」についての覚書」仁田義雄・益岡隆志（編）『日本語のモダリティ』, pp.121–129. くろしお出版.

金水敏（1991）「受動文の歴史についての一考察」『国語学』164, pp.1–14.

金水敏（1992）「場面と視点―受身文を中心に―」『日本語学』11(9), pp.12–19.

工藤真由美（1990）「現代日本語の受動文」言語学研究会（編）『ことばの科学4』, pp.47–102. むぎ書房.

工藤真由美（1993）「小説の地の文のテンポラリティー」言語学研究会（編）『ことばの科学6』, pp.19–65. むぎ書房.

工藤真由美（1995）『アスペクト・テンス体系とテクスト―現代日本語の時間の表現―』ひつじ書房.

久野暲（1978）『談話の文法』大修館書店.

久野暲（1983）『新日本文法研究』大修館書店.

久野暲（1986）「受身文の意味―黒田説の再批判―」『日本語学』5(2), pp.70–87.

黒田成幸（1985）「受身について久野説を解釈する―一つの反批判―」『日本語学』4(10), pp.69–76.

黄憲堂（1982）「日・中両語の受身表現の比較」『言語学演習'82』, pp.153–162. 東京大学文学部言語学研究室.

古賀悠太郎（2013a）「「視点」研究の枠組みを求めて―移動動詞文を例に―」『神戸外大論叢』63(2), pp.169–188.
古賀悠太郎（2013b）「「視点」研究における二人称の位置付けについて―「やる／くれる」文,「行く／来る」文を例に―」『日中言語研究と日本語教育』6, pp.37–47. 好文出版.
古賀悠太郎（2014）「日中両言語におけるヴォイスの選択と視点」『現代中国語研究』16, pp.75–85. 朝日出版社.
古賀悠太郎（2016）「日中対照に寄与する視点研究の方向性についての一提案―他動詞文／受動文・完成相／継続相・「左／右」を例に―」『日中言語対照研究論集』18, pp.143–161. 日中対照言語学会.
佐々木勲人（2009）「授与動詞を含む複合動詞の文法化」張威・山岡政紀（主編）『日语动词及相关研究』, pp.207–214. 北京：外语教学与研究出版社.
佐々木勲人（2013）「ヴォイス構文と主観性―話者の言語化をめぐって―」『木村英樹教授還暦記念 中国語文法論叢』, pp.315–331. 白帝社.
澤田淳（2007a）「「主観性／客観性」から見た現代日本語の授受構文について―「話し手／主語指向性」,「受け手指向性」の観点から―」『KLS』27, pp.1–11. 関西言語学会.
澤田淳（2007b）「日本語の授受構文が表す恩恵性の本質―「てくれる」構文の受益者を中心として―」『日本語文法』7(2), pp.83–100.
澤田淳（2011）「日本語のダイクシス表現と視点, 主観性」澤田治美（編）『ひつじ意味論講座 第5巻 主観性と主体性』, pp.165–192. ひつじ書房.
澤田治美（1993）『視点と主観性―日英語助動詞の分析―』ひつじ書房.
柴谷方良（1997）「「迷惑受身」の意味論」川端善明・仁田義雄（編）『日本語文法―体系と方法―』, pp.1–22. ひつじ書房.
島田紀夫（1998）『絵画の知識百科―やさしい鑑賞法から買い方, 飾り方まで―』主婦と生活社.
下地早智子（1997）「移動動詞に関わる「視点」の日中対照研究」『中国語学』244, pp.132–140.
下地早智子（1999）「被害受身の日中比較」『中国語学』246, pp.107–116.
下地早智子（2000）「日本語と中国語の受身表現について―機能主義的分析―」『人文学報』311, pp.75–91. 東京都立大学人文学部.
下地早智子（2004）「日中両語における文法事象としての視点の差異―移動動詞・受身の表現・テンス／アスペクトの場合―」『外国学研究』58, pp.59–75. 神戸市外国語大学外国学研究所.
下地早智子（2010）「現代中国語における「シテイル／シテイタ」相当表現―日中のアスペクト対立に見られる視点と主観性―」『神戸外大論叢』61(2), pp.87–108.
下地早智子（2011）「「視点」の違いから見るアスペクト形式選択の日中差―非限界動作動詞の場合―」『日中言語研究と日本語教育』4, pp.23–32. 好文出版.
続三義（1989）「日本語の視点と立場」『言語・文化研究』7, pp.75–82. 東京外国語大学.
城田俊（1996）「話場応接態（いわゆる「やり・もらい」）―「外」主語と

「内」主語―」『国語学』186，pp.1–14.
陣内正敬（1991）「「来る」の方言用法と待遇行動」『国語学』167，pp.15–23.
杉村博文（1982）「「被動と「結果」」拾遺」『日本語と中国語の対照研究』7，pp.58–82．大阪外国語大学中国語学科．
杉村博文（1992）「遭遇と達成―中国語被動文の感情的色彩―」大河内康憲（編）『日本語と中国語の対照研究論文集（下）』，pp.45–62．くろしお出版．
杉村博文（2006）「中国語授与構文のシンタクス」『大阪外国語大学論集』35，pp.65–96.
砂川有里子（1984）「〈に受身文〉と〈によって受身文〉」『日本語学』3(7)，pp.76–87.
諏訪春雄（2006）「日本語の特色―移動する視点―」諏訪春雄（編）『日本語の現在』，pp.220–231．勉誠出版．
盛文忠（2009）「移動動詞に関する日中対照研究―「イク／クル」と"来／去"を中心に―」張威・山岡政紀（主編）『日语动词及相关研究』，pp.261–273．北京：外语教学与研究出版社．
滝浦真人（2001）「敬語の論理と授受の論理―「聞き手中心性」と「話し手中心性」を軸として―」『月刊言語』30(4)，pp.54–61.
田窪行則（1987）「統語構造と文脈情報」『日本語学』6(5)，pp.37–48.
田中茂範・松本曜（1997）『日英語比較選書6 空間と移動の表現』研究社．
張芯蕾（2009）「視点移行と移動動詞の選択に関する日中対照研究」『現代中国語研究』11，pp.12–21．朝日出版社．
張芯蕾（2011）「認知言語学的アプローチによる日中移動動詞の対照研究―事態把握から見た「来る」と"来"―」『現代中国語研究』13，pp.111–119．朝日出版社．
角田太作（2009）『世界の言語と日本語 改訂版―言語類型論から見た日本語―』くろしお出版．
坪井栄治郎（2003）「受影性と他動性」『月刊言語』32(4)，pp.50–55.
寺村秀夫（1982）『日本語のシンタクスと意味Ⅰ』くろしお出版．
寺村秀夫（1984）『日本語のシンタクスと意味Ⅱ』くろしお出版．
豊田豊子（1974）「補助動詞「やる・くれる・もらう」について」『日本語学校論集』1，pp.77–96．東京外国語大学付属日本語学校．
中澤恒子（2002）「「来る」と「行く」の到着するところ」生越直樹（編）『シリーズ言語科学4 対照言語学』，pp.281–304．東京大学出版会．
中澤恒子（2008）「「行く」と「来る」の言語比較―"come"が「来る」でないとき―」長谷川寿一・C.ラマール・伊藤たかね（編）『こころと言葉―進化と認知科学のアプローチ―』，pp.113–127．東京大学出版会．
中澤恒子（2011a）「「行く」時，「来る」時」東京大学言語情報科学専攻（編）『言語科学の世界へ―ことばの不思議を体験する45題―』，pp.33–44．東京大学出版会．
中澤恒子（2011b）「動作主体と対象の交代―受動態とはなにか―」東京大学言語情報科学専攻（編）『言語科学の世界へ―ことばの不思議を体験する45題―』，pp.106–119．東京大学出版会．
中村芳久（2006）「言語における主観性・客観性の認知メカニズム」『月刊言

語』35(5)，pp.74–82.
新村朋美（2006）「日本語と英語の空間認識の違い」『月刊言語』35(5)，pp.35–43.
沼田善子（1999）「授受動詞文と対人認知」『日本語学』18(8)，pp.46–54.
野田尚史（1987）「どっちが右で、どっちが左？―相対的な関係を表すことばを使うときの視点―」『言語学の視界 小泉保教授還暦記念論文集』，pp.223–242．大学書林.
野田尚史（1991）「文法的なヴォイスと語彙的なヴォイスの関係」仁田義雄（編）『日本語のヴォイスと他動性』，pp.211–232．くろしお出版.
野田尚史（1995）「現場依存の視点と文脈依存の視点―日本語の複文・連文でボイス・テンス・ムード形式がとる視点―」仁田義雄（編）『複文の研究（下）』，pp.327–351．くろしお出版.
橋本良明（2001）「授受表現の語用論」『月刊言語』30(4)，pp.46–51.
原田寿美子（1995）「中国語の受動態について―主語の選択の観点からの問題提起―」『名古屋学院大学外国語学部論集』6(2)，pp.231–242.
潘鈞・小澤伊久美（2006）「時間認識は言葉にどう表れるか」『月刊言語』35(5)，pp.44–51.
日高水穂（1997）「授与動詞の体系変化の地域差―東日本方言の対照から―」『国語学』190，pp.24–35.
日高水穂（2007）『授与動詞の対照方言学的研究』ひつじ書房.
日高水穂（2009）「敬語と授与動詞の運用に関わる現場性制約―日本語諸方言の対照研究の観点から―」『日本語文法』9(2)，pp.3–18.
日高水穂（2011）「やりもらい表現の発達段階と地理的分布」『日本語学』30(9)，pp.16–27.
廣瀬幸生（2001）「授受動詞と人称」『月刊言語』30(4)，pp.64–70.
フランス＝ドルヌ・井上康夫（2005）『日本語の森を歩いて』講談社（講談社現代新書）.
彭広陸（2009）「日文中訳から見た日中両語の移動動詞―「来る／行く」と"来／去"を中心に―」張威・山岡政紀（主編）『日语动词及相关研究』，pp.88–108．北京：外语教学与研究出版社.
細馬宏道（2008）「空間参照枠は会話の中でいかに構成されるか」『月刊言語』37(7)，pp.27–35.
ポリー＝ザトラウスキー（2003）「共同発話から見た「人称制限」、「視点」をめぐる問題」『日本語文法』3(1)，pp.49–66.
本多啓（2005）『アフォーダンスの認知意味論―生態心理学から見た文法現象―』東京大学出版会.
本多啓（2013）『知覚と行為の認知言語学―「私」は自分の外にある―』開拓社.
前田富祺（2001）「「あげる」「くれる」成立の謎―「やる」「くださる」などとの関わりで―」『月刊言語』30(4)，pp.34–40.
益岡隆志（1982）「日本語受動文の意味分析」『言語研究』82，pp.48–64.
益岡隆志（1987）『命題の文法―日本語文法序説―』くろしお出版.
益岡隆志（1991）『モダリティの文法』くろしお出版.

益岡隆志（1997）「表現の主観性」田窪行則（編）『視点と言語行動』, pp.1–11. くろしお出版.
益岡隆志（2001）「日本語における授受動詞と恩恵性」『月刊言語』30(4), pp.26–32.
益岡隆志（2009）「日本語の尊敬構文と内・外の視点」坪本篤朗・早瀬尚子・和田尚明（編）『「内」と「外」の言語学』, pp.3–22. 開拓社.
益岡隆志（2012）「受動文と恩恵文が出会うとき―日本語研究から―」『日语学习与研究』2012年第1期, pp.1–9.
益岡隆志（2013）『日本語構文意味論』くろしお出版.
松木正恵（1992）「「見ること」と文法研究」『日本語学』11(9), pp.57–71.
松木正恵（1993）「文末表現と視点」『早稲田大学日本語研究教育センター紀要』5, pp.27–51.
町田章（2007）「視点制約と日本語受動文の事態把握」河上誓作・谷口一美（編）『阪大英文学会叢書4 ことばと視点』, pp.104–118. 英宝社.
南不二男（1974）『現代日本語の構造』大修館書店.
三宅知宏（1996）「日本語の受益構文について」『国語学』186, pp.1–14.
宮崎清孝・上野直樹（1985）『認知科学選書1 視点』東京大学出版会.
宮崎清孝（1985）「文学の理解と視点―認知心理学の立場から―」『日本語学』4(12), pp.41–50.
宮地裕（1965）「「やる・くれる・もらう」を述語とする文の構造について」『国語学』63, pp.21–33.
森田良行（1968）「「行く・来る」の用法」『国語学』75, pp.75–86.
森田良行（1995）『日本語の視点―ことばを創る日本人の発想―』創拓社.
森田良行（1998）『日本人の発想, 日本語の表現―「私」の立場がことばを決める―』中央公論社（中公新書）.
森田良行（2002）『日本語文法の発想』ひつじ書房.
森田良行（2006）『話者の視点がつくる日本語』ひつじ書房.
森山新（2006）「視点についての認知言語学的考察」『科学研究費補助金研究基盤研究（C）課題番号17520253 認知言語学を生かした日本語教授法・教材開発研究 1年次報告書』, pp.28–32.
森勇太（2011a）「授与動詞『くれる』の視点制約の成立―敬語との対照から―」『日本語文法』11(2), pp.94–110.
森勇太（2011b）「やりもらい表現の歴史」『日本語学』30(9), pp.28–37.
山岡實（1997）「物語理論における「視点」再考」日本記号学会（編）『記号学研究17 感覚変容の記号論』, pp.157–167. 東海大学出版会.
山口治彦（2002）「直示動詞と対話空間―英語, 日本語, そして九州方言をもとに―」『神戸外大論叢』53(3), pp.51–70.
山口治彦（2011）「第12章 英語との対照」益岡隆志（編著）『はじめて学ぶ日本語学―ことばの奥深さを知る15章―』, pp.205–220. ミネルヴァ書房.
山田純（1985）「文における視点」『日本語学』4(12), pp.32–40.
山田敏弘（1999）「富山方言における「行く」「来る」の用法について」『富山国際大学紀要』9, pp.59–73.
山田敏弘（2004）『日本語のベネファクティブ―「てやる」「てくれる」「ても

らう」の文法―』明治書院.
山田敏弘（2011）「類型論的に見た日本語の「やりもらい」表現」『日本語学』30(9), pp.4–14.
山橋幸子（1999）「「てくれる」の意味機能―「てあげる」との対比において―」『日本語教育』103, pp.21–30.
楊玲（2008）『日本語授受動詞の構文と意味』北京：中国传媒大学出版社.
渡辺茂彦（1979）「"来""去"と「行く」「来る」」『北九州大学外国語学部紀要』38, pp.37–51.
渡辺伸治（1999）「「視点」諸概念の分類とその本質」『言語文化研究』25, pp.389–401. 大阪大学言語文化部大学院言語文化研究科.

―中国語文献―

方经民（1987）〈汉语"左""右"方位参照中的主观和客观―兼与游顺钊先生讨论―〉《语言教学与研究》1987年第3期, pp.52–60, 154.
古贺悠太郎（2015）〈授受补助动词「てやる／てくれる」的视点再考〉《日语学习与研究》2015年第4期, pp.34–40.
龚千炎（1980）〈现代汉语里的受事主语句〉《中国语文》1980年第5期, pp.335–344.
李临定（1980）〈"被"字句〉《中国语文》1980年第6期, pp.401–412.
李临定（1986）〈受事成分句类型比较〉《中国语文》1986年第5期, pp.341–352.
李珊（1994）《现代汉语被字句研究》北京：北京大学出版社.
刘叔新（1986）〈现代汉语被动句的范围和类别问题〉中国社会科学院语言研究所（编）《句型和动词》, pp.139–150. 北京：语文出版社.
吕文华（1990）〈"被"字句中的几组语义关系〉《世界汉语教学》1990年第2期, pp.91–97.
彭广陆（2008a）〈从翻译看日汉移动动词「来る／行く」和"来／去"的差异―以译者观察事物的角度―〉《日语学习与研究》2008年第4期, pp.7–14.
彭广陆（2008b）〈日语研究中的"视点"问题〉池上嘉彦・潘钧（主编）《认知语言学入门》, pp.98–117. 北京：外语教学与研究出版社.
齐沪扬（1998）《现代汉语空间问题研究》上海：学林出版社.
杉村博文（1998）〈论现代汉语"难事实现"的被动句〉《世界汉语教学》1998年第4期, pp.57–64.
杉村博文（2003）〈从日语的角度看汉语被动句的特点〉《语言文字应用》2003年第2期, pp.64–76.
杉村博文（2006）〈汉语的被动概念〉邢福义（主编）《汉语被动表述问题研究新拓展》, pp.284–295. 湖北：华中师范大学出版社.
饶长溶（1990）《把字句・被字句》北京：人民教育出版社.
王还（1983）〈英语和汉语的被动句〉《中国语文》1983年第6期, pp.409–418.
王还（1984）《"把"字句和"被"字句》上海：上海教育出版社.
下地早智子（2007）〈语法现象里视点用法的日汉差异―直指性移动动词、被动表述以及时态／时制的情况―〉张黎・古川裕・任鹰・下地早智子（主编）《日本现代汉语语法研究论文选》, pp.362–379. 北京：北京语言大学出版社

续三义（2007）〈日译汉时的视角和文脉—「来る」「行く」与"来""去"—〉《日语研究》5, pp.300-310. 北京：商务印书馆.

张伯江（1989）〈施事宾语句的主要类型〉《汉语学习》1989年第1期，pp.13-15.

张伯江（2001）〈被字句和把字句的对称与不对称〉《中国语文》2001年第6期，pp.519-524.

张伯江（2002）〈施事角色的语用属性〉《中国语文》2002年第6期，pp.483-494.

张伯江（2009）《从施受关系到句式语义》北京：商务印书馆.

—英語文献—

Clancy, P. M. (1980) Referential choice in English and Japanese narrative discourse. Wallace L. Chafe (ed.) *The Pear Stories: Cognitive, Cultural, and Linguistic Aspects of Narrative Production*. Norwood, New Jersey: Ablex Publishing Corporation, 127-202.

Fillmore, C. J. (1975) Coming and Going. *Santa Cruz Lectures on Deixis, 1971*. Bloomington, Indiana University Linguistics Club. (参照：Fillmore, C. J. (1997) *Lectures on Deixis*. Stanford, California: CSLI Publications, 77-102.)

Genette, G. (1972) *Figures III*. Paris: Editions du Seuil. (邦訳：花輪光・和泉涼一（訳）(1985)『物語のディスクール—方法論の試み—』水声社.)

Heath, J. (1976) Substantival hierarchies: Addendum to Silverstein. R. M. W. Dixon (ed.) *Grammatical Categories in Australian Languages. (Linguistic Series No.22)*. New Jersey: Humanities Press, 172-190.

Howard, I. and A. M. Niyekawa-Howard. (1976) Passivization. Masayoshi Shibatani (ed.) *Japanese Generative Grammar (Syntax and Semantics 5)*. New York: Academic Press, 201-237.

Kuno, S. and Kaburaki, E. (1977) Empathy and syntax. *Linguistic Inquiry* 8:4, 627-672.

Kuno, S. (1987) *Functional Syntax: Anaphora, Discourse and Empathy*. Chicago and London: The University of Chicago Press.

Kuroda, S.-Y. (1979) On Japanese passives. George Bedell, Eichi Kobayashi and Masatake Muraki (eds.) *Explorations in Linguistics: Papers in Honor of Kazuko Inoue*. Tokyo: Kenkyusha, 305-347.

Langacker, R. W. (1985) Observations and speculations on subjectivity. John Haiman (ed.) *Iconicity in Syntax. (Typological Studies in Language 6)*. Amsterdam and Philadelphia: John Benjamins Publishing Company, 109-150.

Langacker, R. W. (1990) Subjectification. *Cognitive Linguistics* 1:1, 5-38.

Levinson, S. C. (1996) Frames of reference and Molyneux's question: Crosslinguistic evidence. Paul Bloom, Mary A. Peterson, Lynn Nadel and Merrill F. Garrett (eds.) *Language and Space*. Cambridge, MA: MIT Press, 109-169.

Martinez, M. and Scheffel, M. (1999) *Einfuehrung in die Erzaehltheorie*.

Munchen: Verlag C. H. Beck oHG.（邦訳：林捷・末永豊・生野芳徳（訳）（2006）『物語の森へ―物語理論入門―』法政大学出版局.）

Masuoka, T. (1981) Semantics of the benefactives in Japanese. *Descriptive and Applied Linguistics* 14. Tokyo: International Christian University, 67–78.

Shibatani, M. (1996) Applicatives and benefactives: A cognitive account. Masayoshi Shibatani and Sandra A. Thompson (eds.) *Grammatical Constructions: Their Form and Meaning*. Oxford: Clarendon Press, 157–194.

Shibatani, M. (2000) Japanese benefactive constructions: Their cognitive bases and autonomy. Kenichi Takami, Akio Kamio and John Whitman (eds.) *Syntactic and Functional Explorations: In Honor of Susumu Kuno*. Tokyo: Kuroshio Publishers, 185–205.

Shibatani, M. (2003) Directional verbs in Japanese. Erin Shay and Uwe Seibert (eds.) *Motion, Direction and Location in Languages: In Honor of Zygmunt Frajzyngier*. Amsterdam and Philadelphia: John Benjamins Publishing Company, 259–286.

Silverstein, M. (1976) Hierachy of features and ergativity. R. M. W. Dixon (ed.) *Grammatical Categories in Australian Languages. (Linguistic Series No.22)*. New Jersey: Humanities Press, 112–171.

Szatrowski, P. (2007) Subjectivity, perspective and footing in Japanese co-construction. Nancy Hedberg and Ron Zacharski (eds.) *The Grammar-Pragmatics Interface: Essays in Honor of Jeanette K. Gundel*. Amsterdam and Philadelphia: John Benjamins Publishing Company, 313–339.

あとがき

　本書は、筆者が2013年11月に神戸市外国語大学大学院に提出し、2014年3月に学位を授与された博士論文「現代日本語の「視点」の体系に関する研究―移動動詞文、授与動詞文、受動文を中心に―」を大幅に加筆・修正したものである。出版にあたって、台湾・静宜大学学術研究計画（新任教師型）「現代日本語の視点の研究―体系化と精緻化―」（課題番号：PU106-11100-B05）の助成を受けた。
　本書や、そのもとになった博士論文を執筆していた数年間、筆者は数多くの人との出会いを経験した。これらの出会いのうち一つでも欠けていたならば、あるいは本書がこうして世に出ることはなかったかもしれない。
　なかでも筆者が最も感謝したいのは、言うまでもなく、博士課程の指導教官である益岡隆志先生との出会いである。益岡先生には、2008年4月から2014年3月まで六年間もの長きにわたって指導していただいた。先生の教えの中で筆者の心に最も深く刻まれているのは、「多くの人と交流して、研究の視野を広く持ちなさい」というものである。先生はいつも、まずは近隣の同世代の研究者と意見を交換する場を求めなさい、なんなら自分でそのような場を作るくらいの気持ちを持ちなさい、それから先輩の研究者から教えを請う場も積極的に作りなさいということをおっしゃっていた。思えば先生ご自身、自ら研究会や勉強会を主催したり、あるいは他の先生が主催の研究会や勉強会に何度も足を運ばれたりと、相手の所属先だとか研究テーマだとかを問わずに他の研究者との交流の機会を常に求める方である。そして、すでに何十年も日本語研究をリードしてきた第一人者であるにも関わらず、今でも意識的に自らの研究の視野を広げる努力をなさっている。研究内容の深さにしても、研究

に取り組むこのような心構えにしても、筆者などがあと何十年かかっても到底真似できるものではないが、それでも、先生からいただいた教えを胸に、研究の面でこれから少しずつでも精進していきたいと思う。

　それから、修士課程の指導教官である王占華先生（北九州市立大学）との出会いも、本書が世に出るのを大いに後押ししてくれた。筆者が修士課程で王先生の指導を受けたのは2006年4月から2008年3月である。10年も前のことであるが、先生の口から発せられる「よくできました」という温かい言葉は今でも心に深く刻まれている。王先生のゼミでは受講生が順番で修士論文の進捗状況を報告するのが通例であったが、私たちの報告をお聞きになった後の先生の第一声は、必ず「よくできました」という言葉であった。もちろん、報告を一通り聞いただけで問題点をいくつも発見しておられたに違いない。しかし、どんなときにもまずは私たちの未熟な努力を最大限に受けとめてくださった。その上で、研究内容の問題点については時間を取って丁寧に討論してくださった。どんな発表をしても必ず「よくできました」と言っていただけるので、かえって、かなり早い段階で「自分の研究がよくできているはずはない」と思うようになったのだが、それでも、先生の温かさは当時の筆者を大いに勇気づけてくれた。先生との出会いがなければ、日本語と中国語の対照研究に取り組もうとは思わなかったかもしれないし、それどころか博士課程まで進んで研究を続けようという気持ちにならなかったかもしれない。常に温かく励ましてくださったことに心から感謝したい。

　さらに、神戸外大で下地早智子先生と出会い、中国語学の方面のご指導をいただけたことも本当にありがたかった。下地先生の授業や論文から学ぶことがなければ、本書はぐっとスケールの小さいものになっていたことだろう。そもそも、私が「視点」を研究テーマに選んだきっかけは、先生の論文「日中両語における文法事象としての視点の差異―移動動詞・受身の表現・テンス／アスペクトの場合―」（『外国学研究』58、神戸市外国語大学外国学研究所、2004年）と出会ったことである。したがって、先生は私に一生の研究

テーマをもたらしてくださった方ということになる。

　そして、両親にぜひ感謝したい。思い返せば、両親は私がやりたいことに反対したことが一度もない。それどころか、いつの時にも最大限に応援してくれた。心配な気持ちも大きかったと思うが、大学院の修士課程・博士課程と進んでいくこともあっさりと認めてくれた。恩返しはこれからの私の課題であるが、まずは、両親への感謝の気持ちをここに特に記しておきたい。

　最後に、本書の出版を引き受けてくださったひつじ書房の松本功氏と森脇尊志氏、そして原稿を細かく丁寧にチェックしてくださった相川奈緒氏に心から感謝申し上げる。

　相田みつをの詩に、「いつどこで／だれとだれが／どんな出逢いをするか／どんなめぐり逢いをするか／それが大事なんだなぁ」というものがある。益岡先生をはじめ数多くの人たちとの出会いが本書を形作り、さらには世に送り出してくれた。研究は決して一人ではできない。だから私は、すべての出会いに感謝する。これからもすべての出会いを大切にしつつ、言語の研究を続けていきたいと思う。

索引

う
内の視点　48

え
影響含意型の動詞　155
遠心的移動　63, 64
円柱　16, 17, 19, 20

お
恩恵的　99

か
介詞（前置詞）　151
外的視点　42
神の視点　3, 51
カメラーカメラマン一体方式　196
感情形容詞文　45, 47, 54
間接受動文の発達度　167
間接的受影者　139, 140, 169, 179, 180

き
基準点　59
旧情報　158, 160
求心的移動　63, 64
「境界への到達」部分　188
共感度　11, 14, 27, 36
虚構文　37

け
結果補語　153-156
現場依存の視点　37, 133, 134

こ
広義の動作主　179
広義の被動作主　179
恒常的な位置　67-71
固有的視点　52

さ
再帰代名詞　28
最後の晩餐　1
参照枠　194

し
自己同一視化　11, 14, 28
指示詞　32
事態把握　29, 30
視点研究の精緻化　18-20, 23, 24
視点研究の体系化　20, 21, 25
視点固定型言語　54
視点固定の原則　120-123, 133-138
視点人物　3
視点の移行　32, 52, 58, 59
視点の序列　41, 82, 85-87, 98, 104, 110-112, 123, 126, 131
視点の体系　176, 183, 185, 194, 195
自撮り棒方式　200
視野　189
受益者　94, 96, 97, 180

主観性 30
主観表現の用法・解釈 12
準一人称 61, 66-76, 84
焦点化 3
情報の新旧 156, 158, 160
情報のなわ張り 32
新情報 158, 160

せ

潜在的受影者 130, 131

そ

相互動詞文 12, 13
相対的視点 52, 59
双方向動詞文 35
外の視点 48
尊敬構文 47, 48

た

だまし絵 16, 17, 19, 20
談話主題 12, 77, 78
談話主題の視点ハイアラーキー 11, 12, 77

ち

致使力 151-153
中立の視点 79, 80, 86, 104-106

と

「到達後の状態」部分 188

な

内的視点 42
ナル型（の）表現 141, 150, 181

に

二人称の位置付け 61, 81, 87, 88, 110
人称制限 45-46, 54
認知（の）主体 30, 50, 94

は

発話当事者の視点ハイアラーキー 11, 12, 28
話し手に属する人 60, 61
話し手（の）領域 67, 71

ひ

非一人称主語のニ受動文 124, 125
"被"構文 150, 151
非主語 93-99
非動作主 140-142

ふ

文法項目のネットワーク 20, 21, 25
文脈依存の視点 37, 133, 134

へ

ベクトル 36
ベネファクティブ 95-97

ほ

ホームベース 72

ま

[-有情]のニ受動文 129-131
[-特定]のニ受動文 127

む

虫の視点 51

め

目立つ存在　161, 163-167, 181, 182

も

物語文　37
モノ・コトの見方　15, 16

ら

洛中洛外屛風図　2

ろ

論理的視点　43, 45

古賀悠太郎（こがゆうたろう）

略歴
1984年生まれ。佐賀県出身。台湾・静宜大学日本語文学系助理教授。神戸市外国語大学大学院外国語学研究科博士後期課程修了。博士（文学）。神戸女学院大学非常勤講師、中国・北京第二外国語大学外国籍講師などを経て、2016年8月より現職。

主な論文
「視点制約違反の他動詞文「Xが私をV」が適格となる条件―コーパス調査から」『北研学刊』第13号（2017年）、「日中対照に寄与する視点研究の方向性についての一提案―他動詞文／受動文・完成相／継続相・「左／右」を例に」『日中言語対照研究論集』第18号（2016年）。

ひつじ研究叢書〈言語編〉第149巻
現代日本語の視点の研究
体系化と精緻化

Viewpoint Study in Modern Japanese:
Systematization and Elaboration
Koga Yutaro

発行	2018年3月15日　初版1刷
定価	6400円+税
著者	©古賀悠太郎
発行者	松本功
ブックデザイン	白井敬尚形成事務所
印刷所	三美印刷株式会社
製本所	株式会社 星共社
発行所	株式会社 ひつじ書房

〒112-0011　東京都文京区千石2-1-2 大和ビル2階
Tel: 03-5319-4916　　Fax: 03-5319-4917
郵便振替 00120-8-142852
toiawase@hituzi.co.jp　http://www.hituzi.co.jp/

ISBN978-4-89476-861-1

造本には充分注意しておりますが、落丁・乱丁などがございましたら、小社かお買上げ書店にておとりかえいたします。
ご意見、ご感想など、小社までお寄せ下されば幸いです。

刊行のご案内

〈ひつじ研究叢書(言語編) 第150巻〉
現代日本語と韓国語における条件表現の対照研究
語用論的連続性を中心に

金智賢 著　定価6,500円+税

〈ひつじ研究叢書(言語編) 第151巻〉
多人数会話におけるジェスチャーの同期
「同じ」を目指そうとするやりとりの会話分析

城綾実 著　定価5,800円+税

〈ひつじ研究叢書(言語編) 第152巻〉
日本語語彙的複合動詞の意味と体系
コンストラクション形態論とフレーム意味論

陳奕廷・松本曜 著　定価8,500円+税